惊天大案
曝贪魂

陈维伟 ◎ 著

人民日报 出版社

图书在版编目（CIP）数据

惊天大案曝贪魂 / 陈维伟著. —北京：人民日报出版社，2009.8
ISBN 978-7-80208-933-4
Ⅰ.惊… Ⅱ.陈… Ⅲ.案例—分析—中国 Ⅳ.D920.5
中国版本图书馆CIP数据核字（2009）第139016号

书　　名：	惊天大案曝贪魂
出 版 人：	董　伟
作　　者：	陈维伟
责任编辑：	季利清　韩　梅
封面设计：	陈　丽
出版发行：	人民日报出版社
社　　址：	北京市朝阳区金台西路2号
邮政编码：	100733
发行热线：	（010）65369527　65369512　65369509　65369510
编辑热线：	（010）65369514
网　　站：	www.peopledailypress.com
经　　销：	新华书店
印　　刷：	朝阳印刷厂
开　　本：	710mm×1000mm　1/16
字　　数：	134千字
印　　张：	14.875
印　　次：	2009年8月　第1版　　2009年8月　第1次印刷
书　　号：	ISBN 978-7-80208-933-4
定　　价：	28.00元

序 言

从社会"潜规则"到贪官"密经"

当代"贪官",是我们党的干部队伍中的败类。多少年来,被揭露出来的"贪官",大多被判刑直至枪毙;但"贪魂"不死,至今仍污染我们的政治环境。

流行于社会、践行于官场的"潜规则"就是"贪魂"演化的见不得阳光的暧昧之物。有众多媒体列举如下——

表现在政治观上:"情为人民币所系,权为人民币所用,利为人民币所谋";

表现在权力观上:"有权不用,过期作废","中国官场的哥德巴赫猜想——权力除了用来谋私,谁还知道其另有其他用途?";

表现在行政观上:"行政悖论——群众利益都是天大的事儿,我个人利益也都是天大的事儿;世上只有一个'天',我自然不能舍近求远","老百姓是谁?";

表现在价值观上:"人的权力是有限的,可为人民币服务是无限的;我要把有限的权力,投入到无限的为人民币服务之中去";

表现在国家观上:"戴着红帽子,穿着'绿'鞋子;当着中国官,想着美利坚";

表现在法律观上:"判刑不要紧,只要票子真;'死缓'我一个,幸福几代人";

表现在人际观上:"对上司要溜着点儿,对同僚要防着点儿,对下属要虚着点儿，对老婆要瞒着点儿，对百姓要哄着点儿"；

表现在用人观上："说你行你就行、不行也行，说你不行就不行、不行也行"，"第一梯队是老婆孩子，第二梯队是姨子舅子，第三梯队是奴才狗才，第四梯队才轮到人才俊才"；

表现在升迁观上："只跑不送，原地不动；只送不跑，水多油少；连跑带送，提拔重用"；

表现在生活观上："原配基本不用，情人基本不定；养家基本靠贡，存款基本靠送"。

我们党内有没有受上述"潜规则"的侵害？答案是肯定的！中央党校党建部一位教授在接受媒体采访时曾指出，当前，在某些基层党组织内部，既有党章规定的正式制度存在，也有"潜规则"这样的非正式制度存在，这是一个客观现象。

这位教授将党内潜规则归类于"非正式制度"，这个归纳很到位，也很尖锐。从正面审视，我们给它一个"非"的结论，但在"某些基层党组织内部"的潜规则运营者那里，它似乎已经沉淀成为一种"制度化"的东西，"像一只无形的手调节着党内的关系"，"实际左右某些基层党组织内部"，他们甚至认为，潜规则才是党内的"正式制度"！而党内的正式制度却被"潜规则"边缘化为"自欺欺人的政治摆设"。

种种"潜规则"形成的"非正式制度"，派生出一些令人见怪不怪的"常态"景观，这些景观赖以滋生的最高"境界"就是对潜规则的"集体默认"，否则将被视为"政治上不成熟"的异类而被排挤出局，清廉的干部大都落魄为此类中人。

胡锦涛总书记曾在中央纪律检查委员会的一次全体会议上强调指出，应全面加强新形势下的领导干部作风建设，把党风廉政建设和反腐败斗争引向深入。近年来，党的组织建设和党风廉政建设取得了很大的进展。但是，也必须看到，在某些基层党组织内部也存在着一些影响和制约党的健康发展、败坏领导干部作风的党内潜规则，必须引起高度重视和警惕。

党建专家们以为，反腐败斗争最后也是最强大的一个堡垒，恐怕就是"潜规则"。中国共产党章程就形同党内"宪法"，而上文所列各种表现无一不涉嫌严重"违宪"。按说，要破除这些"潜规则"，只需一部党章足矣。可我们不得不承认这种想法是幼稚的，因为即使加上浩若烟海的党内纪律条文，也无法从根子上撼动这个积重难返的"潜规则"。为什么？还是一位党建专家说得彻底："官场潜规则实际上是权力的异化，它使公权变成了私权，它使权应该为民所用，变成了权为私所用，或为小集团所用。潜规则不是无规则，而是有规则，但它以不敢公开为特征，以对抗、破坏显规则为手段，以谋取私利为目的。"

我们深入地解剖一个个贪官典型的心路历程，定会清楚地发现：社会上流行的种种"潜规则"正是他们孜孜以求的、实现自己最大贪心的官场"密经"！

所谓官场"密经"，就是偷偷的、暗中操作、摆不到桌面上，明着不能说而暗地里约束大家遵守的行为规范，自然区别于成天挂在嘴巴上、落在文件里的"外经"，它是深藏于心的，一般人见不到、听不到，甚至猜不到、想不到，但是，任何行为背后的心理活动终究是要暴露于世的。

流行于社会包括党内的"潜规则"，经贪官们的践行，立即产生极大的"示范效应"，其毒害之猛烈绝不可低估。反腐败要深入，就要不断地揭露之、批判之！

贪官"密经"缘何产生

官场"密经"产生的原因是多方面的，至少有以下两点：

一是几千年封建传统政治文化的影响。在两千多年的封建制度里，凡是被统治者们说得最好听的"道德"、"礼制"、等"显规则"，诸如"王子犯法，与庶民同罪"、"礼义廉耻"、"君子爱财，取之有道"之类全都是招摇欺世的幌子，而相反，"人不为己，天诛地灭"等直言不讳的封建社会"显规则"，则变成了贪官们的"密经"。究其根源，封建的官僚等级制文化是其直接诱因。正如小平同志指出："现在应该明确提出继续肃清思想政治方面的封建主义残余影响的任务"。

二是党内民主的发展不足。首先是过度集权的党内权力结构，这一特性使党内权力关系倒置，导致党员民主权利处于弱势地位，大多数党员和干部很难对党内权力进行强而有力的制约与监督。党内同志之间的平等合作奋斗关系被扭曲成一定程度上的权力依附关系，必然出现以权力意志支配党内关系、处理党内事务的潜规则，党章制度的权威也就被权力意志权威所取代。其次是党内民主监督制度的缺陷。正是制度上的不健全，使某些"潜规则"和官场"密经"得以盛行，一些人靠行贿、走后门、拉关系就谋得心仪的职位。

还有专家认为，官场"潜规则"和贪官"密经"的盛行，也可以从"正规则"中找到根源。小平同志当年说过：好的制度能让坏人变好，坏的制度能让好人变坏。不正之风和腐败现象在某种程度上，反映的已不仅仅是官员自身的道德问题，而是表明我们已有的制度即"正规则"本身也有某些严重的缺陷，制度本身的漏洞和破绽给了潜规则生长的空间。比如，虽然制度上对官员的任用作出了种种正当的规定，如"选贤任能"、凭实绩用干部等等，但在实际操作上，总会发现相当一部分人仅仅通过行贿、走后门、拉关系，便可谋得心仪的职位。

这说明我们党内的制度建设是有缺陷的。首先是党内权力关系不顺，导致党员民主权利处于弱势地位。实现党员的民主权利，尽管在原则上有明确规定，但由于党代表大会制度、党内民主与党内监督制度的不健全，于是握有权力的党员领导干部成为强势力量，在一些组织中党员仅仅成为被管理和监督的对象，而鲜有真正监督制约党内领导干部的能力。正由于党内制度建设的缺陷，使党内权力结构形成集权的特性，才使党内关系上出现带有封建色彩的权力依附、人身依附、个人崇拜、家长特权等现象，在一些党组织内权力意志规则取代党内正式的制度规定，成为实际操纵党内运作、甚至操纵个人命运的强悍力量。

生存于特殊的"政治生态环境"

一些地方的腐败现象屡禁不止，引起了人们的思考：是什么力量使得这些地方惩治腐败如此之难？贪官"密经"为何如此盛行？

深入剖析，我们就会发现：实际上这些地方已经形成了一种特殊的"政治生态环境"，这是一种"一损俱损，一荣俱荣"的官场潜规则，这些人之间已经形成了一个利益共同体，相互依赖、相互庇护，自然形成了一种利益共同体，并编织了一张无形的关系网，使得个人的力量不能轻易地攻破这张网。

在这张关系网的背后其实还有一个无可避免的事实，那就是中国的人情社会，这是官场潜规则的重要组成部分。就是说，有些人的本意未必就是想腐败，未必就是想加入到关系网里。但你游离在这张网之外，你就可能待不下去。

许多案例表明，作为一个地方的正直的党政领导，一些人不敢明目张胆地与其对抗，但可以对其政令阳奉阴违，让其政不通、令不畅，给其工作带来种种障碍，同样限制了此地的反腐。

一张人情网也会限制某些上级部门的手脚,使得反腐工作朝着不利的方向发展。

面对腐败，我们党和政府总是下力气去查，每遇到一些重大的腐败案件，国家都会派出大量人手查处，财政支出大，带来反腐经济成本加大不说,更严重的是加大了政治成本，影响了党和政府在人民心目中的形象，影响一批官员，影响当地社会的发展。

到今天，腐败在个别地方已经不是有无的问题，而是已经腐败到了什么程度的问题。要改变这种情况，就要加快民主化进程，在阳光下反腐,让腐败无处藏身。通过制度反腐来降低反腐成本。

现在《党内监督条例》和《党内纪律处分条例》已经出台,应该说,我们党的反腐已经有了制度,下一步就是如何落实的问题。

贪官"密经"的危害不容低估

在党内,党章是指导所有党员干部思想言行的根本准则,是党内的根本大法。然而,在有些人看来,党章规定只是贴在墙上、挂在嘴上、写在纸上的宣传,而真正用来指导言行的是彼此心照不宣、只可意会不可言传的"密经"。这些"密经",就像一只无形的手调节着党内的关系,成为实际左右某些基层党组织内部状况的潜规则。

作为党内正式制度的党章规定,其价值理念是代表最广大人民的利益,为最广大人民的利益而奋斗。这就要求党员干部以人民利益为价值本位很好地执行党章制度。但显然,党内"潜规则"和官场"密经"的价值理念与党章制度规定的价值理念大相径庭,这就必然引发党员干部的思想言行混乱。同时,党员干部的行为与党章制度之间存在着一种复杂的相互关系:如果执行党章制度能得到积极评价及正向发展,那么党员干部就会在切身体验的基础上增强遵守、执行党章制度的内在动力。反之,党章制度对人的规范、引导力则下降,甚至党章制度被消解、被扭曲走形。恰恰在"潜规则"侵蚀、盛行的一些党内组织中,坚持党章原则的得不到支持,而奉行"潜规则"的却被赏识重用,这就必然会消解党章制度权威,强化潜规则的权力意志效应。

贪官"密经"具有极大的腐蚀性和危害性。表面看来,某些贪官奉行的官场"密经",会逐步将个人推向腐败的深渊;而深入分析,这些官场"密经"不断转化为侵入党内生活的"潜规则",必将严重破坏党内某些制度性的规则。在很多关于选举、任用、重要决策等重大问题上,由于"潜规则"的侵入,就出现了暗箱操作、破坏规则,损害公正性和严肃性,破坏党纪和国家的法律法规,危害党和人民的利益。在"潜规则"盛行的地方,不正之风、腐败就会蔓延,甚至可能会泛化为一种具有普遍性的行为方式和生活方式,而另一些人虽然并不认同这种"潜规则",但又不得不违心地去适应这种扭曲的变化。当这种"潜规则"成为实际支配党员干部个人行为的基本准则时,相当多的党员干部就不得不违心跳进这个败坏党风的"显陷阱",给党的健康发展带来了严重的危害。

中国共产党从不讳言自身已面临腐败的严重威胁,从不讳言这种威胁可能导致亡党的严重后果。近年来,我们党已在有针对性地全面地对"潜规则"的核心部位和"源头"地带实施更加严密的剜除手术,如介入高官的"经济生活方式"及"生活作风"即是有力的证明,而此前这里长期处于反腐真空地带。总之,这场反腐败的"源头"之战,必然深刻触动那些奉行"密经"的贪官以及某些在"潜规则"中活得"风调雨顺"的既得利益者,而且必然引发党内政治体制以及党内外政治互动机制在某种程度上的重构,这无疑是对中国反腐败事业的严峻考验。

目录

序言

贪财经

以权谋私利　互换讲交易 …………………………… 3
拉帮求共荣　抱团好营私 …………………………… 28
官帽可买卖　重财不重才 …………………………… 33
身边傍大款　致富有捷径 …………………………… 50
上司贪在前　下属学样板 …………………………… 59
一人戴桂冠　鸡犬也升天 …………………………… 68

猎色经

权贵福自来　美女也投怀 …………………………… 93
风流桃花运　尽显是身份 …………………………… 102
明知有陷阱　偏在淫道行 …………………………… 104
官场来周旋　女子胜于男 …………………………… 112
只图今朝乐　哪管法与德 …………………………… 123
一朝权在手　看中谁是谁 …………………………… 130

弄权经

一切均我赐　唯吾乃独尊……………………135

风光不靠才　全仗有后台……………………139

顺我康庄道　逆我倒霉桥……………………153

官大压过法　容己不容他……………………161

不喜人规劝　讳疾又忌医……………………169

举报别碰我　虎腚摸不得……………………174

造假经

权力未到手　贪心深处藏……………………181

当面露道貌　暗下显魔心……………………194

实话常碰壁　谎言总通行……………………201

虚张造声势　全为谋升迁……………………209

制度墙上挂　对策心中留……………………213

假戏需真唱　至死不吐实……………………219

后记

贪财经

以权谋私利　互换讲交易

【案例1】

主要涉案人：李嘉廷——云南省原省长，因受贿罪被判死缓。

案例主题词：以权谋私

官场"密经"："当官要有'投资'价值观。权，是可以拿来换钱的，不懂得这一点，你不如退出官场。"

从云南走出去上大学，再返回云南当省长，又在云南坠入了深渊——这就是李嘉廷的人生轨迹。按北京市人民检察院第二分院的指控，李嘉廷单独或伙同其子李勃收受他人贿赂的犯罪事实，均发生在1994年初到2000年7月他担任云南省领导期间。而有心人对李嘉廷的犯罪事实进行了一番分析，得出一个结论，李嘉廷为他人所办的事中，绝大多数都属于利用其直接分管范围的职权，从这个角度不难看出，李嘉廷是一个有"投资"价值的交易工具。

1994年9月，李嘉廷出访美国。云南省驻北京办事处副主任葛建辉给在美国定居的弟弟葛景辉打电话，让他好好接待李嘉廷，为自己的发展做铺垫。葛景辉到李嘉廷在华盛顿居住的酒店去探望，送给李嘉廷2000美元。此后，葛建辉陪同李嘉廷到北京长富宫酒店看望回国的葛景辉，葛景辉又送给李嘉廷1万美元。1998年2月，经李嘉廷提议，葛建辉调任云南省政府驻深圳办事处主任。

昆明建华企业集团董事长舒建与李嘉廷的关系是又一例证。1995年元月的一天晚上，舒建为了以后得到李嘉廷的关照，在李嘉廷家里送给他1万美元。1995年2月，舒建随李嘉廷到泰国参加投资洽谈会，在曼谷又送给李嘉廷5000美元。同年6、7月间，舒建三次找李嘉廷请求帮助建华集团贷款。李嘉廷则利用与省人民银行负责人到酒楼吃饭的机会，特意说："小舒的企业流动资金不够，给协调协调。"有李嘉廷的关照，建华集团于是从交行昆明分行贷款2500万元，从昆明城市信用联社贷款2000万元。作为回报，1996年春节与1999年春节前，舒建分两次送给李嘉廷2万美元。

也就在1996年春节前，昆明伟事达公司总经理王伟带着5万元人民币到李嘉廷家，当着李嘉廷的面交给其爱人王骁。同年5月，伟事达公司投资参与昆明柏联房地产开发有限公司与昆明市政基础设施综合开发建设股份有限公司合作开发的金碧路拓宽改造拆迁安置工程。工程完工后，因柏联公司未付土地金，金碧路拆迁指挥部拒绝支付建房款。经李嘉廷出面，金碧路拆迁指挥部支付柏联公司建房款共计人民币4000万元，王伟从中分得650万元。为感谢李嘉廷，王伟又于1999年春节前到李家送给其人民币10万元、美元1万元。

1996年初，李嘉廷出面协调变更药品经营企业合格证，请他出面的是云南人和实业集团公司总裁和丽伟。人和集团公司所属人和药业有限公司参与云南省卫生发展总公司资产重组，省卫生发展总公司在申请办理变更药品经营企业合格证时，未获有关部门批准。李嘉廷协调解决后，和丽伟在云南省驻北京办事处送给李嘉廷6万元人民币。

中纪委公布的李嘉廷的主要违纪事实中，第一条是收受邹某某等9人贿赂，共折合人民币119万元。这个邹某某便是昆明佳达实业有限公司总经理邹丽佳。2000年7月，李嘉廷出访返经香港，邹丽佳送给李嘉廷5000美元、3万港币。此前的1996年红塔集团有意购买邹丽佳名下的佳华广场B座，后双方发生了矛盾，李嘉廷从中协调得以解决。

接下来在1998年,李嘉廷帮助其将佳华广场列入昆明世博会配套工程,并协调佳达公司与美国沃尔玛中国公司、云南共和集团有限责任公司合作成立昆明沃尔玛管理服务公司。此年冬,邹丽佳到李嘉廷家中,当着李嘉廷的面送给其爱人王骁人民币10万元。案发后,李嘉廷最终因受贿罪被判死缓。

权力是谁给的?是人民。掌握人民赋予的权力,理应全心全意为人民服务。令人可叹的是,李嘉廷这个出生在偏僻贫困小山村里的彝族少年,凭借辛勤的努力考上了名牌大学,登上了省级领导岗位,却栽倒在金钱的诱惑下,完全忘记了"立党为公,执政为民"的崇高理想,利用手中的权力,不断帮助行贿人解决面临的难题,成为深受行贿人欢迎的有"投资"价值的交易工具。而更为严重的是,他充当了一些非法牟利人的后台。

【案例 2】

主要涉案人： 丛福奎——河北省原常务副省长，因受贿罪被判死缓。

案例主题词： 以权谋私

官场"密经"： "有权不用，过期作废。"

应当说，丛福奎作为一个有着20多年党龄的老党员，确实有过努力工作的昨天。据丛福奎身边工作人员反映，他刚到河北工作时，暂住在河北宾馆，每天工作到后半夜才休息。当他在1996年5、6月份有了房子后，每天下班还让人把要批的文件和参阅资料给他装起来，回家后继续工作。

但随着地位的变化，丛福奎对自己的要求逐渐放松，对私利和官位的欲望则变得越来越强烈。1997年，丛福奎没有如自己所希望的那样"再进一步"，对他而言，想当省长的"政治理想"实现的可能性就很小了。他认为自己在"仕途"上受了挫折，自己的"官运"走到了尽头。在为党和人民工作与个人私利之间，他心中的天平完全倾向了个人。他觉得自己辛辛苦苦工作没能换来应得的利益。

心理失衡很快体现在行动上。丛福奎从此变得心灰意冷，意志消沉，还成天发牢骚"现在没好人了，人都变成鬼了"，并不时流露出对党的事业的不满，有了"照这样干下去，累死也没用"的想法。于是，他的工作陡然消极下来，理想信念开始动摇了。转而寄希望于"大师"的预测和"老佛爷"的恩典。特别是与殷凤珍结识后，丛福奎对佛教更加迷恋，什么事情都相信"天意"，辩证唯物主义思想在他头脑中已经荡然无存，"神"成了全部寄托。从1998年起，丛福奎到全国各地求神拜佛，甚至两个春节都没有回家，而是在寺庙中度过。

丛福奎在石家庄和北京的两处住宅中，都有一间房子设立佛堂，供奉着各种佛像。一进家门，就能看到烟雾腾腾。在他的书房中，佛教方面的书籍一应俱全，道教方面的书籍应有尽有。偌大的书房，竟然连一本马克思、列宁、毛泽东、邓小平的著作都没有。在其卧室被褥下面，铺着一块红布，上面衬有黄绫，四周缀有铜钱。黄绫下面压着五道佛令，枕头底下还有五道道符。丛福奎俨然成为一个虔诚的信徒。

然而，丛福奎真是一个虔诚的信徒吗？丛福奎信佛的真正目的是保自己健康，保自己平安，保自己升官，保自己发财。1997年底，某法师曾给丛福奎的仕途做预测，说丛福奎还有三步，一是当省长，二是当省委书记，三是升到中央、国务院。1998年3月，丛福奎又找到殷凤珍预测。殷凤珍说："你快高升了，要想没病，要想上升，你就信佛。你还有两步或三步，即当省长、省委书记和到党中央、国务院。"健康平安升官发财，就是丛福奎这个貌似虔诚的信徒对佛最大的企盼。

当丛福奎升官的愿望难以满足时，他就借"佛"敛财。在丛福奎索贿的过程中，有一个最大的特点，就是动不动就打出"老佛爷"的招牌，以做佛事、做善事为幌子敛取钱财。他曾说："我退休后要办实体，建大厦，要干这些事需要几千万资金，现在就开始弄钱。"在这种思想支配下，丛福奎和殷凤珍沆瀣一气，疯狂上演了一幕幕借佛敛财的"二人传"。

1997年初，深圳某公司董事长王某经人介绍认识了丛福奎。当时，王某正在河北推销汽车尾气净化装置，为了尽快打开市场，他就请求丛福奎帮忙。在丛福奎的帮助下，1997年底至1998年初，王某与唐山市环保局合作经销了汽车尾汽净化装置。此后，他又借助丛福奎的地位和影响，于1999年4月在唐山成立了天元房地产开发公司。

对于丛福奎的关照和帮助，王某心中自然很是感激。1999年春节前的一天，丛福奎等三人来到北京，王某把他们安排住到北京贵宾楼饭店。晚上,丛福奎约王某与殷凤珍见面,丛介绍他们互相认识后,殷凤珍为王某当场施了"法术"。春节期间,王某又开着奔驰车,陪同丛福奎等人去了普陀山。回到北京后,王某安排丛福奎住到王府饭店。丛福奎再次约了殷凤珍。王某到其住处,殷凤珍又一次为王某施了"法术",随后说:"我准备建个庙,需要几千万元,你出一些吧。"丛福奎也在旁敲边鼓:"修庙是积德行善的事,对你的家庭、事业都好。"王某表示尽力去做。过了一段时间,丛福奎又来到北京,王某拿了8万美元到北京交给了丛福奎。

区区8万美元根本就不可能满足丛福奎办实体、建大厦的目的。1999年6月底,丛福奎在北京开会期间,又把王某约到住处,他对王某说:"大师让你办的事要抓紧办,给大师修庙是有期限的。"并把北京龙吟公司的账号给了王某。此后,王某分两次给龙吟公司账号汇去了130万元。

丛福奎借佛向某国际经济贸易有限公司董事长李某敛财,与向王某敛财如出一辙。1997年夏,丛福奎在北戴河暑期办公期间,李某主动跑来看望他,并应丛的要求"借"给他50万元,这50万元使双方成为了"朋友"。1997年李某因公司设备预付款保函一事,请丛福奎帮忙。丛福奎两次给省农行打电话催办。1998年,李某因秦皇岛海滨林场拖欠其承包费800万元一事,请丛福奎帮忙。1999年12月,李某为利用贷款一事,请丛福奎帮忙,丛福奎在李某带来的申请报告上批示:请计委研究速批。

几次应李某的请求给予帮忙,丛福奎都给办了。对于做这么大生意的老板,"弄钱"心切的丛福奎岂能放过。1998年底,丛福奎在北京梅地亚中心约见李某时说:"你要有实力就拿出200万元做佛事,修建寺庙,以前拿的50万元就算在这200万元之内"。李某答应后,丛福奎拿出一张事先写好的纸条,上面记有五台山某寺的账号,让李某先给汇去70万元。李某收下纸条后由于资金紧张,这答应的70万元一直没有汇出。丛福奎在多次催问后提出,分批提现金交给他也可以。按照丛福奎的要求，李某从1999年2月至2000年6月14日，先后十余次送给丛福奎现金150万元。

从李某手中相继拿到150万元现金后，丛福奎仍不甘心，2000年2月，丛福奎以做佛事、制作佛像为名，又要李某给其安排资金300万元，并多次打电话催要。在丛福奎的催促下，李某分两次将两张共计300万元的支票交给了丛福奎。到头来，丛福奎受到法律的严厉制裁。

按语

作为一名党的高级领导干部，丛福奎完全丧失共产主义信仰和远大理想，将"升官发财"作为人生最高境界，甚至不惜求助神灵以达到自己不可告人的丑恶目的，充分暴露了一个贪官的扭曲灵魂，是党内理想教育的典型反面教材。

目前，越来越多的问题官员在反腐利剑的威慑下，惶惶不可终日，继而"台上作科学报告，台下搞烧香祷告"，"不信马列信迷信、不信科学信风水。"企图依靠寻求肮脏心灵的寄托之地，来寻求心理按摩和精神庇护，减轻自己的负罪负担，想着法子对付政府和人民的监督。

信仰的转移，本质上就是对于党和人民的事业失去了信心，就是在远离人民。过去，对于问题官员的监督，可能比较多地强调了制度上的监督和政策的攻心，使信仰教育出现了假、大、空的现象，使问题官员转而寻求相信风水和迷信，很多监督部门也对于官员的迷信想象的危害估计不足，甚至听之任之，可以说，迷信官员的增多与某些地方的党组织监督意识的松懈和措施的软弱不无关系。

【案例 3】

主要涉案人：丛福奎
案例主题词：索贿受贿
官场"密经"："有钱能买鬼推磨。想办事吗？拿钱来！"

作为一名省级干部，丛福奎对党纪和国法显然是熟悉的。他因此表现得很"小心"：他在索贿时多次交待行贿人"要把有关帐目处理好，入帐时不要留下把柄"。如他在向丛某索要25万美元时，他就要求从境外取款。拿到钱后，他仍然反复叮嘱。丛某事后交待说："他一直交待我们要拿现金，要处理好帐目，这事不要跟别人说。这说明他也知道这是犯法的，也知道这是不对的，所以他才要求我们处理好帐目，要求要现金，不要留下痕迹"。

在"小心"方面，丛福奎考虑得很细。为了不暴露行踪，使自己能够"天马行空，独来独往"，想干什么就干什么，丛福奎在后期干脆甩开机关配备的司机，让自己的外甥开车往来于北京与石家庄。

尽管丛福奎熟悉党纪国法，尽管丛福奎办事很是"小心"，但随着私欲的极度膨胀，丛福奎借佛大肆敛取钱财的丑剧演到了无法无天的地步，权钱交易已无任何限制，贪欲也无任何节制，为了满足自己的私欲，他公开索贿，有时甚至步步紧逼，几近敲诈。

香港某公司董事长、总经理丛某，在丛福奎1996年3月底至4月初率团在香港招商期间，为丛福奎购买了价值4.7万港元的高档衣物，以及价值5000港元的内地禁止发行的书籍。此后，双方的关系就越来越密切。

与丛福奎攀上密切的关系，是在河北经商的丛某求之不得的。当丛某所借的河北省国际信托投资公司的300万美元，因到期后资金紧张无法归还的时候，他马上想到了让丛福奎帮忙。1997年8月，丛福奎找到了省国投公司的领导，要求"支持支持"丛某。常务副省长发话了，省国投公司自然不会怠慢。省国投公司按照丛福奎的要求，与丛某签订了贷款延期协议，期限半年。1998年上半年，省国投公司因丛某仍未按期归还贷款，多次找丛某催要。丛某又找到丛福奎，丛福奎再次要求省国投公司"支持"丛某，省国投公司只好又与丛某签订了贷款延期协议。1998年初，丛某考虑到手头资金紧张，想把所持有的盛沧公路有限公司（沧州）股权对外转让，他依然找到了丛福奎，希望丛福奎与沧州市领导协调此事。丛福奎便给沧州市领导打电话，要求予以关照。

为丛某帮了这么多忙，丛福奎当然不会白帮。其实，在帮忙过程中，他就开始向丛某伸手索要。1997年7月中旬，丛福奎向丛某提出要50万元人民币，之后又打了两次电话催要，明确提出："钱的事要抓紧办，我有急用"。正是求丛福奎帮忙的关键时刻，丛某躲是躲不掉的，只好让公司人员将50万元人民币交给了丛福奎。

这笔钱刚交给丛福奎不久，他又向丛某张口索要。1997年10月，丛某有事来到了丛福奎的办公室，丛福奎毫不客气地向他提出："我现在急需一笔钱，这事很重要，你一定要解决。现在还不能告诉你用途，以后会告诉你"。丛某问需要多少钱，丛福奎说："25万美元，你必须在春节前解决，要现金"。见丛某很为难，丛福奎就很不高兴地说："这钱很重要，你眼光要放长远一点，到时候你就明白了"。考虑到公司在河北的利益，再加上丛福奎又打电话催要。1998年2月中旬，丛某只好在香港贷了25万美元，来到石家庄丛福奎的办公室，将钱交给了丛福奎。

丛福奎索要钱财时是不客气的，而索要的对象全都是私营企业老板，这些老板不给怎么办？丛福奎老谋深算，他知道在权力与利益交换的天平上，他这个砝码有多么"重"，纵使这些老板们内心有一万个不愿意，他们也万万不敢拒绝一个常务副省长的"要求"。

最早被丛福奎索贿而又最先揭发交代丛福奎问题的丛某，在交待为何要满足丛福奎提出的要求时就这样说："丛福奎毕竟是一个大省的省委常委、常务副省长，一个很重要的领导干部，在香港他提出要买东西，作为我们没有说'NO'的余地，否则我们在那儿（河北）的投资根本就不要开展了"。

另一个行贿人李某事后更是赤裸裸地说："如果在河北没有企业，我才不会给他钱呢"。

正因为丛福奎是一个省的省委常委、常务副省长，他一个人同时分管着计划、经贸、财政等多个重要部门，这使他具有了超乎常人的影响力。正如同一个行贿人说的"我和丛福奎没有更多的私人交往，他跟我们交往，是因为我们有钱，而我们觉得他有权力，他说一句话比别人说一万句都有用"。正是在这种"一句话顶一万句话"的超乎寻常的影响力和监督力度薄弱的环境下，丛福奎搞权钱交易变得非常便利，也使他的私欲极度膨胀，直至丧失了理智，一发不可收，在权钱交易的路上走得越来越远，越陷越深。

河北某公司总经理李某，于1997年秋经人介绍认识了丛福奎。1998年8月，李某拿到手一项总投资1000万元的工程后，就通过中间人找到丛福奎，请丛福奎帮忙联系贷款和担保单位。在丛福奎的"招呼"下，李某于1999年3月顺利地从银行贷到了1000万元人民币。由于有了常务副省长这层硬关系，在这笔贷款到期还本付息后，李某又两次从银行贷款7000万元人民币。

仰仗着丛福奎的关系李某从银行贷到款，丛福奎的收获也开始了。1998年底，丛福奎在北京开会期间，把李某约到了自己住的饭店，一见面丛福奎就说："我朋友的一家公司急用50万元，你给解决一下"。之后，丛福奎又两次打电话催要。几天后，李某凑齐了50万元交给丛福奎。

如果李某以为这50万元就可以满足常务副省长，那他就大错特错了,这不过是丛福奎利用手中的权力小试牛刀,李某很快就要领会丛福奎的"胃口"了。2000年1月,丛福奎到北京开会期间,再次把李某约到了自己的住处。这次,丛福奎不像过去那么"小家子气"了,而是狮子大开口似地对李某说:"我有一个朋友公司资金紧张,急需200万元"。李某表示现在没有钱,丛福奎当下很不高兴地说:"你不是刚贷了3000多万元吗?不管你有多大困难,一定想办法解决!"过了几天,丛福奎两次打电话催办此事。又过了几天,丛福奎又给李某打电话说:"那200万元你先别拿,再拿300万元一起给我。这300万元不是我跟你要,是给劳动人民文化宫的捐款,必须拿"。

　　要钱心切的丛福奎急不可耐,于1月28日晚上亲自来到李某的办公室,这回李某爽快地将两张分别是200万元和300万元的转帐支票交给了丛福奎。接过支票后,丛福奎还很不满意地对李某说:"叫你拿500万元怎么这么难?你贷款好几千万,我一句话就办了,你要看得长远一点"。

　　向刘某要钱,丛福奎倒是没有费什么口舌。刘某是河北省石家庄某建筑分公司经理助理,在丛福奎的帮助下,他先后承揽了西柏坡电厂砌烟道工程、西柏坡电厂循环水排放治理工程的一部分土建项目和总造价1200万元的邯郸黄梁梦粮食储备库工程两栋仓库的土建项目。刘某心中自然很是感激。1999年8月,丛福奎向刘某提出:"我需要钱,你能否安排50万元?"时间不长,刘某两次支取了工程款50万元,交给丛福奎。丛福奎在罪恶的道路上愈走愈远。

　　不择手段敛取不义之财算得上是贪官的一个共同点,但像丛福奎这样打着"做佛事、做善事"的幌子索贿受贿,在"佛"字招牌下显露丑恶的贪婪嘴脸,尚属贪官中少见的案例。身为堂堂的省委常委、常务副省长,丛福奎不但钱迷心窍,还沉缅于"乞求神

灵",足见丛福奎在政治上颓废到何等地步。抛开职务不提,丛福奎做的这些事情哪像是一个入党20年的共产党员?实际上丛福奎的言行早已背离了共产党员的称号。政治颓废,利欲熏心,大肆敛财的丛福奎在上演了一幕幕索贿的丑剧后,终于没能逃脱法律的制裁,走到了自己政治生涯的"尽头"。

　　前车之覆,后车之鉴。丛福奎案件的查处再次向各级领导干部特别是高级领导干部敲响警钟:一定要讲学习、讲政治、讲正气,牢固树立辩证唯物主义的世界观,牢记共产主义理想信念,牢记党的宗旨,切实做到廉洁从政、勤政为民。

【案例 4】

主要涉案人：慕绥新——沈阳市原市长，因受贿罪、巨额财产来源不明罪被判死缓，后死于癌症。

案例主题词：聚敛财富

官场"密经"："当钱财敛到一定数量的时候，你就不知道什么叫'可耻'了。"

不少熟悉慕绥新的人都说，慕绥新确实想当一个"政绩市长"，在市长的位置上做出一番业绩，这一点在1998年初沈阳市人大会上就充分表现出来了。如同埋藏在21世纪广场世纪钟下《本届市长给百年以后沈阳市长的一封信》一样，慕绥新在这次人大会上同样做出一件很具轰动效应的事情。

慕绥新当上沈阳市委副书记、代市长是1997年12月，是从辽宁省副省长的位置上平调到这个副省级计划单列市的，1998年初于市人大会上正式当选为市长。选举时的热烈气氛激发了高票当选的慕绥新，他临时动议增加了一项大会议程没有的内容，就是带领其他当选的副市长们站在主席台上集体宣誓，当"依法从政，廉洁奉公，牢记宗旨，报效人民……"的誓词响彻会议大厅，赢得了全体与会人大代表的热烈掌声。这可是沈阳市人大会上当选的市政府"一班人"第一次在全体人大代表面前集体宣誓，产生的效果可想而知。集体宣誓之后，紧接着又是慕绥新的就职演说。这个就职演说是他自己打的草稿，没让任何人看过。核心内容是："我衷心希望沈阳人民能够骄傲起来，能为自己是沈阳人而感动、骄傲和自豪。这是我为政一任的一个重要的政治目标。"这是何等的气魄!集体宣誓加上就职演说,使慕绥新这个刚当选的市长在沈阳市380多万人民面前有了一个不同凡响的亮相。

此时激情迸发的当选市长慕绥新,真是充分享受到了高票当选的快乐,因为他曾有过两次在选举中的"走麦城"。第一次是在1988年。慕绥新于1987年由县级市的海城市市长出任鞍山市市长助理,省里的意思是继而提拔他担任副市长,他却在1988年的换届选举中以副市长候选人的资格落选。慕绥新还没有及时接受这个打击和教训,很快就被省里安排当了省体改委副主任,接着又提拔担任劳动厅厅长、建设厅厅长。第二次发生在1993年,辽宁省人大换届选举,作为副省长候选人的慕绥新再次落选。可他仍被提拔为省长助理,后被任命为辽宁省副省长兼省政法委副书记。遗憾的是,接连有惊无险的"波折",没有能够促使慕绥新对自己做一个很好的检讨和反省。慕绥新的两次落选是有自身一定的原因的,诸如架子大、处理问题简单粗暴、调部队战士装修住房、更换高级轿车等等。对于这些反映,慕绥新不是认真地从中吸取教训,反而错误地认为,只要能做出让领导看得见、满意的"成绩",就会受到重用,连连化险为夷似乎是在印证这一点,还终于亲身经历了一次高票当选市长,让慕绥新觉得总算能在人大代表的选举中扬眉吐气,而且看到了自己在仕途上的前程似锦。

当众宣布了政治目标的慕绥新,也确实在用自己的实际行动让沈阳人民"骄傲"起来,他虽然仅当了不到四年市长,却让沈阳的城市建设大变样。沈阳作为老工业基地,城市布局不合理,环境污染严重。慕绥新把城市建设作为工作重心,而且提出了一个很知名的城市建设的理念,即建筑是形,文化是魂,环境是本。他以此为重点,改造建设这个城市。在他的精心组织领导下,诸多城市建设工程启动:改造治理旧河道,建成了百里带状水上公园;建设现代化立交桥、大二环路;开辟草坪,建设广场,布置灯火,改造棚户区,建设现代化居民小区,让全市亮化起来,绿化起来。短时间内一系列城市建设的成果,使慕绥新于1999年荣获了联合国颁发的"城市环境人居奖。"

能在短时间内使沈阳的城市建设取得引人注目的成果,与慕绥新按照自己的方式提高办事效率有密切关系。那些让请求办事的人倍感头疼的"研究研究",在慕绥新这里很少出现。行就行,不行就不行,当场给你答复。有时坐在小轿车里接到一个请求办事人的电话,他立刻就回答可以办还是不可以办,如果可以办,他就马上写个条子,交给秘书去办。除了正式大会,他讲话从来简短。

即便是对各种会议,慕绥新好像没有多少兴趣,连那种非常严肃、重要的市委常委会,他也毫不在乎,说不参加就不参加,迟到更是家常便饭,常常出现"书记、常委等市长"的场面。这要是放在别的地方,恐怕就要算件事情了,因为关系到谁是领导核心的问题。但在沈阳,市委领导曾公认慕绥新是个"党内个体户",也知道他确实是在忙工作,司空见惯,也就没有人说什么。

对不能按他的意图、要求的效率办事的下级,慕绥新可是暴躁得很,经常会大声训斥:"你他妈的想不想干了?""不想干我收拾你!"慕绥新当年同意夏任凡提出的要把沈阳市的无轨电车改成汽车的建议,便让一名干部去论证。那名干部拿出论证报告时提出一些不同意见,慕绥新当即大为不满地说:"我让你论证改后的好处,不是让你论证不行,你他妈回去给我重新论证!"

慕绥新在工作中就是这样一个人,为了达到目的——当然是工作目的,不讲究方法,不斟酌手段。对某项工作越是热衷,越是勇猛向前,哪里还顾及什么细节。用慕绥新自己的话就是"我基本上像一部装甲车或一部坦克车,呼呼往前冲,不论遇到什么样的困难和问题我都无所畏惧,我都可以克服。很多在常人眼里根本不可能做到的事情,在我的手下已经变成了现实,就是因为把我放在沈阳市长这个位置上,我要实现我的抱负,我要完成对这个城市人民的庄严承诺。"

从这段话中不难听出,实现抱负和完成承诺在慕绥新心中占有相当重要的份量。1998年慕绥新曾让人搞过一个民意测验,得出的结论是沈阳人民对政府的满意率达到94.7%。也许这个数字像其他许多数字一样不会十分准确,但说明慕绥新很在乎这个,很在乎自己的政绩。慕绥新当时经常挂在口头的一句话:千好万好不如人民说好,金奖银奖不如人民夸奖。

为了实现抱负和完成承诺,慕绥新甚至在得知自己身患绝症的情况下,依然不肯停手。2000年5月31日,正在中央党校学习的慕绥新经医院专家和先进仪器检查,判定他已得了肺癌。人到这个时候才更知道生命的价值。慕绥新毅然决定不做手术,第二天就从北京返回沈阳。一回到沈阳,慕绥新还像以前一样忙碌,召集部门开会、部置工作、要情况、听汇报、视察,晚上回家还要带着一大摞文件、材料,他是在做访问日本的准备。没过几天,就到日本访问去了。从日本访问归来后,慕绥新又于6月中旬带队去了美国。此行是去与美国通用汽车公司谈判引进雪佛莱汽车生产线的问题,作为老工业基地的沈阳太需要现代化新兴产业支柱了,况且谈判的时间是一年前就定好的,慕绥新认为拼上性命也要把这个项目谈成。让别人去他不放心,他去了才能给对方以极大的诚意,因为他是市长。

到美国后的谈判是很艰难的,对方果然有把项目转到别的地方去的打算,条件提得相当苛刻。只是有备而来的慕绥新不那么好对付,中国的一个计划单列市的市长,攻关辩论谋划运作,软的硬的明的暗的,什么样的阵势没见过?慕绥新硬是凭着得理不让人的劲头,再加上智慧和气魄,把洋人震住了,从而使双方达成协议,雪佛莱生产线安家沈阳。日后奔驰在神州大地上的"中华"牌轿车,就是源源不断从这条生产线下线的。

旅途的劳顿和谈判的艰难,使慕绥新的身体支持不住了。达成协议后的考察,慕绥新就无法参加了,本来计划7月中旬回国,他7月3日便回到沈阳,向省委做了一个汇报,就被送往北京医院。如果在慕绥新身上没有发生有悖于廉洁奉公的事,他不但会使沈阳人民骄傲,也会让沈阳人民为有这样的市长而感到骄傲。可惜,慕绥新事业上的成功被他攫取的不义之财所淹没。

以有魄力、敢拍板著称的慕绥新，由于听不进不同意见，他的决策往往是缺少科学、民主的决策，从而留下了一批"遗憾工程"，造成惊人的损失，最为典型的是建在沈阳城外的"浑南大市场"。投资25个亿的浑南大市场，在1998年立项时是一片广阔的菜地，且远离市区10多公里，周围没有人烟。专家进言"无市，何来场？"心气正旺的慕绥新反驳"无场，何来市？"

在争论中浑南大市场迅速建成，没有人去怎么办？慕绥新决定：派几十辆大客车，免费接送市民逛市场。与此同时，政府强令地处繁荣地段的"南二"市场的经营户，搬迁至"浑南大市场"。此举遭到经营户的抵抗，纷纷转到了另一个市场。如今，投资巨大的浑南大市场十分荒凉，慕绥新种下的苦果，只能留待今人吞咽。

看重"政绩"的慕绥新，短时间留下了一个表面靓丽的城市，也留下了一个巨大的债务窟窿。陈政高接任市长不久，指示有关方面盘点"家底"，这一盘点让人倒吸凉气，"慕绥新时代"城市建设负债75亿元，这还只是以市政府名义欠下的。且不论慕绥新等人是如何在城市建设中利用权力寻租致富的，仅就规律而言，慕绥新干的是违背可持续发展规律的"城建运动。"也正是在这个违背规律的"城建运动"中，慕绥新收取的不义之财越来越多。

在某些地方，送红包已经成为一种风气，每逢出国、住院、逢年过节、婚丧嫁娶等，自会有大批红包送上来。有人说慕绥新既能干事，也敢搂钱，搂的钱主要源于各种名目的红包。慕绥新收受红包时是相当爽快的，只是对细节总是很马虎，比如谁送的、送多少，他向来不太在意，事后连看也不看，这比斤斤计较的贪官要"大度"得多。有人送给过慕绥新一张卡，办案人员取证时问他是否有此事，开始他说记不得了，后经回忆想起是有人给过一张卡，但多少钱不知道，过年的时候扔给别人了。办案人员再找到接受卡的人，那人承认确有此事，并说以为也就几千块钱，到商店买东西时一划卡，才知道竟然是20万元。

收受红包一般情况下都在家里，1999年春节期间，慕绥新创新般坐在办公室里收钱。或许是为了早早把这个程序应付过去，慕绥新很忙，他还有许多大事要办，索性就把收受红包的地点移到办公室，由秘书先约定好时间，什么点可以给市长拜年。拜年的人进办公室说不了几句话，放下红包就走。市长时间很紧，拜年也要加快速度，尤其拜年的背后还有主要的"内容"。这样的事让人听起来很滑稽，可慕绥新就是这样，一面忙着收钱，一面忙着创造市长的政绩。

康平县可以说是沈阳市辖下的区县中最贫困的，县领导们也急于尽快脱贫致富，通过专门向慕绥新讨教，慕绥新给他们支招搞庭院经济，并让市财政安排了200万元的资金支持，而且在销路上给予帮助。康平县的庭院经济搞起来了，也见了成效，县领导自然要感谢市长，给慕绥新送来红包。贫困县的钱少，一次只能一两千、三五千地给，这对大笔大笔收惯了钱的慕绥新来说，简直是可以忽略不计的，但是他收下了。他觉得不能不收，不收，就是嫌少，就是看不起贫困县的情谊。本来，市长支持帮助辖下的贫困县脱贫致富是本职工作，也可以说是件功德无量的好事，但为此收受红包性质就发生了变化。

每次收的钱多也好，少也好，不间断地日积月累加起来数目就相当可观。慕绥新被"双规"后，办案人员向他通告，他前妻贾桂娥已经交待了受贿、非法所得和巨额财产来源不明共1000多万元时，轮到慕绥新大吃一惊了。这么大数目的钱财，再不拿收钱当回事也很明白问题的严重性了。

如同自觉不自觉之间就收受了1000多万元的不义之财一样，慕绥新走到这一步同样有个自觉不自觉的过程。在未去中央党校学习之前，慕绥新多次宣称："党校的门我从来没进过。"言外之意，没进党校学习我不也干得挺好吗？市直机关工委通知全体党员干部观看电影《生死决择》，进行警示教育，慕绥新接到通知后的态度是："不管它，明天市政府照常开会，谁也不许请假！"

慕绥新不把警示教育当回事，同样也不把政治学习当回事。为了遏制腐败，我们党制定了许多党规党法，一条一条说得非常清楚，告诉全体党员应该怎样去做，不应该怎样去做，违犯了应该受到怎样的处罚，白纸黑字在那儿印着呢。只是慕绥新对此不以为然，他认为，搞这些都是虚的，没用。要搞，就动干的，来实的，闯出一番事业让大家看！别玩那些花拳绣腿。

堂堂一个计划单列市的市委副书记、市长，居然把党规党法看成是花拳绣腿，慕绥新的下场就不足为怪了。诚然，党员干部干事业确实要动干的、来实的，却万万不可在收受别人钱财时动干的、来实的。慕绥新不把党规党法当回事，结果就吃了不懂党规党法的亏，意识不到收钱的严重后果。至于对前妻贾桂娥的放纵，那就更与此有关了。领导干部要管好家属子女，不允许他们在自己管辖的区域内经商办企业，这是中央三令五申的，慕绥新却全当作了耳旁风。久而久之，慕绥新从颇有政绩的市长变成了声名狼藉的大贪官，市长的"两面"性可谓表现得淋漓尽致。

案发后，慕绥新谈了自己对收受钱财的感受：

"我收受钱财经历了一个漫长的过程，内心也曾有过冲突……从我收第一个礼物的心里不舒坦，到后来的心安理得，这是我灵魂发生质变的标志。我最开始收受的礼物是一条烟……从一开始，我就把送来的钱当作是一种礼尚往来和人情交往，认为不是什么坏事，所以从来就没有任何警惕。……

穷亲戚富朋友这个念头始终存在于我的内心深处，做这个市长，他们来看我，假如我不做市长，他们还来看我吗？我常常在想这个问题，越想就越感觉到我需要这些人，我需要他们常来看我，这证明我人际关系很好，我朋友多。发展到最后，我毫无廉耻地接受别人很多的钱财，却一点也不觉得有什么心愧，反而觉得这很正常。

随着送礼花样的翻新，我收受的也就更自然了，逢年过节送点土特产，送点烟酒茶，认为很正常，可以理解。久而习惯，再以后从送东西到送金钱就没有不合适、不妥当的感觉了。我非常习惯地收敛钱财是从1998年开始的，习惯就成了自然。我非常明白，我之所以能毫不费力地得到这些钱是因为手里有权力，可当时我却没有意识到这就是权钱交易，还以为是送钱者答谢我给他们做了好事。

对别人送来的钱财，我越收越多，越收越厉害，现在我都解释不清楚了。私心和贪欲达到一定程度的时候，就是麻木不仁。

权力本该是为政者为人民做事的责任和义务，而我却把权力作为谋财手段，因此也导致我政治上的毁灭，导致我遗臭万年的结果。"

大限在即的慕绥新总算明白了，正是收敛钱财导致他政治上的毁灭、遗臭万年的结果。

按语

死到临头，方才醒悟，悔之晚矣。且不说党员领导干部，即使是一个普通的正直的人，亦应懂得：人在任何时候，良知总不能泯灭，更不能让"利欲"熏心，干出违背党纪国法的勾当来。

【案例 5】

主要涉案人：慕绥新
主题词：巨额财产来源不明
官场"密经"："手上有了权，想要啥，就有啥。"

如同当年市长宣誓引起的轰动一样，2003年2月又有一件与慕绥新有关的事在沈阳引起轰动，这就是2月25日至27日举行的"慕、马腐败大案"部分没收物品拍卖会。880件标底为人民币165万元的"标的"物，以420多万元的成交额完成拍卖。被拍卖的没收物品包括住宅、车库、市场档口、运动器材、家具、家用电器、通讯器材、名表、名酒、金银饰品、工艺品、金箔画、邮品、纪念品、字画、日用品、服装及皮具等，物品价值从几十元人民币到几十万元不等。成交数额较大的是房产、工艺品和手表，有的"标的"成交额是标底的几倍、几十倍甚至几百倍。拍卖活动竞争激烈，成交额巨大，透明度高，达到了为国家尽量挽回损失的目的。

赃物拍卖前的展示期间，将近十万沈阳市民赶到展示现场——金剑大厦，涌进面积不大的几个展厅，可以用"人潮汹涌、比肩接踵、络绎不绝"来形容。展示的赃物激发了沈阳市人民群众对腐败行为的切齿痛恨，展示现场成为进行"反腐倡廉"教育的生动课堂。前来参观的大多数人把"慕、马"腐败堕落的生活和行为同沈阳当时的社会状况和自身生活情况及"慕、马"在公开场合中冠冕堂皇的言行进行比较，对党中央惩治腐败的举措非常拥护。

此次展示，拍卖的赃物，属于慕绥新的占了相当大的比例。为了让赃物从贪官的家中走进展厅，曝光于众目睽睽之下，辽宁公物拍卖有限公司和天启拍卖行的工作人员，做了一番认真细致的工作。

2002年12月24日，辽宁公物拍卖有限公司的工作人员受有关方面委托，进入慕绥新位于沈阳万柳塘处的住宅，开始对物品进行清理。进入慕家后眼前的景象让人大吃一惊，从金银饰品到玉器珠宝、名人字画让人目不暇接。十多名工作人员在这里清理了三天才理出头绪。从慕绥新居住的房子里，一次就整理出近400件物品。经最后确认，从慕绥新住宅里清理出的各种名表、名酒、金银饰品、工艺品、金箔画、邮品、纪念品、字画、服装、日用品、皮具等近700个标的，占了这次拍卖标的绝大多数。清理出的邮品和纪念币让人大开眼界，因为这些东西是一般集邮者无法买到的。展示赃物期间，展示邮品和纪念币的展台前一直排着长龙。

清理完毕押运赃物时，拍卖行方面为了做好安全保密工作，没有雇用搬家公司，而是特意请来一个班的解放军战士，将物品悄悄地押运到储藏的地方。当那块起拍价为两万元的鸡血石送到了辽宁公物拍卖有限公司后，出于安全的考虑直接放入了银行的金库中。据行家的估计，这块鸡血石的市场价可卖到十几万元。其他工艺品放入库房后，由专门的保安人员进行24小时看护。拍卖会上展示的197件工艺品的包装工作，四名工作人员干了整整四天，在包装和运输过程中必须加倍小心，绝对不能有半点损坏。赃物的清理工作一结束，接下来的是大量的鉴定工作，大量的金银饰品、工艺品、名表和字画需要专家慧眼识别，拍卖行根据不同种类的物品，先后请了数十位不同方面的专家。赃物中有一对伯爵情侣表、两块百达非利表和一块名仕表、一块劳力士表，仅这六块名表的鉴定费用就花去了17万元。由于东北三省都没有名表这方面的鉴定机构，鉴定工作基本上都是在北京做的。还有些表的"鉴定"工作是采取一些特殊方式进行的。有一块飞亚达表的真伪就是工作人员到一家修表店，以修表的名义套出来的。修表师经查验说，这块表是真的，只是款式旧了些。尽管对方拒绝出具证明，但这句话已让工作人员感到很高兴。很多表都是通过特殊的方式得知真伪的。同时，工作人员走访了多家金店和金银饰品中心，掌握了大量金银首饰的"含金量"。

对数量不少的名牌服装和中外名酒等赃物，40多名工作人员进行了一个星期的市场调查，他们先后走访了大商场和服装专卖店，摸清同类物品的市场价格。工作人员了解到，慕绥新一套名牌西服的市场价格在万元以上。熟悉慕绥新的人都知道，慕绥新喜欢穿西装，而且是穿名牌西装，每天换穿一身几乎成了他的生活习惯，家里有登喜路、华伦天奴、圣罗兰、皮尔·卡丹等名牌西装几百套。

展示、拍卖的赃物有不少是属于慕绥新之女慕洋的，主要是住宅和家具。慕洋是慕绥新的长女，从1997年至2000年的四年间，慕洋办了10家公司，到处打着"慕绥新女儿"的旗号捞钱，捞了5400余万元。为了让慕洋赚钱，慕绥新有时不惜亲自打招呼。一次，慕绥新参加完隆重的电话号码升位仪式，郑重地对电信局长说："以后你们有建筑工程，关照一下慕洋。"紧接着慕洋就来要工程项目，局长就把建设住宅楼的项目交给慕洋。她的公司没有资质，干也不想干，随手转包出去，从中获利1400万元。

代表沈阳市形象的、按照慕绥新的建议塑有3个图腾式"太阳鸟"的市政府广场建成了，在这个标志性的景观中，本不宜再建高立式广告牌，但是慕洋要建，慕绥新就在女儿送来的报告上批道："我意见，如广告箱不阻挡市府大路视线，可以设。"开会研究时，许多人反对，主持会议的市政府副秘书长最后拍板说："从市容景观上看不太合适，但有慕市长批示，就照办吧！"有反对的声音也好，有不满的目光也好，一个高大立柱式广告牌依然建了起来。

轻而易举地赚了几千万元钱，慕洋还千方百计偷税漏税。在她的10家公司中，仅一家广告公司和一家房地产公司就偷税漏税1000万元人民币。

得知因在澳门豪赌而东窗事发的原常务副市长马向东被"双规"后，慕洋预感到形势不妙，马上将名下的5400余万元赃款转移到了北京、上海、福州和蚌埠等地的33个银行账户、8个股票账户和设在银行的4个保险箱内。现在这些款项除被慕洋提走的外，还剩下2000万元人民币。此外，慕洋还在沈阳、北京和上海购买了6套房产。慕洋购买这么多房子，主要目的就是非法洗钱投资不动产。拍卖会上展示的家具大多数是从慕洋的住宅清理出来的。清理时，工作人员雇用搬家公司出动了20多人和5台卡车进行搬运，足足清理了两天，装了8大车。

赃物拍卖会的景象和沈阳市民对贪官的切齿痛恨，慕绥新这个前任沈阳市长既听不到也看不到了。2002年3月2日，慕绥新因肺癌晚期死亡。慕绥新无奈地死了，但慕绥新一案留下了深刻的警示：作为一名领导干部，不论能力有多大，不论做出过什么样的政绩，必须牢固树立"立党为公，执政为民"的思想，要时时努力做到"权为民所用，情为民所系，利为民所谋"，任何时候也绝对不能利用手中的权力为个人谋私利，更不允许肆无忌惮地为个人聚敛财富。不然的话，必将受到党纪国法的严厉制裁，必将被人民所唾弃。慕绥新当年是多么风光，为个人捞取的财物不可谓不多，但他终究逃不脱法律的严惩，捞取的赃物在他死后还被拍卖。

贪官的一个特点是：欲壑难填。打个比方，贪官的私欲，像口"井"，而贪官所恋的财富，就是"雪"——以雪填井，永远也填不满。所以，贪官不除，国无宁日。百姓之所以对贪官恨之入骨，是很自然的事。

贪官们东窗事发后，当然要受到法律的制裁，从此了结了他们的政治生命，成为遗臭万年的渣滓。但是值得我们思考的是，为什么这些贪官们，能够在贪的道路上"勇往直前"，甚至"前赴后继"？

俗言道："有钱使得鬼推磨"，"财能通神"。难道他们可以用钱来为自己打造天大的"保护伞"？事实将证明：反腐败的巨剑终究要刺破所有贪官的"保护伞"，让他们受到法律的严惩！

拉帮求共荣　抱团好营私

【案例1】

　　主要涉案人：杨国友——四川省犍为县原县长，因受贿罪（一审）被判有期徒刑11年。
　　案例主题词：收受贿赂
　　官场"密经"："我受贿，他受贿，你也别想干净。大家吃肉，你也得跟着一起喝汤，至少也要闭眼装糊涂。"

　　寥寥几十万受贿，本是个小案子，涉案人——四川犍为县原县长杨国友在法庭上几次惊人之语却引来大家的关注："县委书记'封嘴'后，我为了保住'乌纱帽'，不得不收下乐山市东能集团董事长王德军送的钱！""我不敢不收钱，因为如果不收钱，就是和其他收了钱的人过不去。"经查证，2002年，王德军准备收购犍为县电力公司国有股，时任县委书记的田玉飞（后一审被判死缓）欲将国有股转让给王德军，并指使王德军用钱封住杨国友的口。
　　大家吃肉，你也得跟着一起喝汤，至少也要"难得糊涂"，否则你就会成为大家的眼中钉、肉中刺，必欲除之而后快，这就是目前某些地方的官场潜规则。杨国友屈服在这种潜规则下，他选择了拿钱收声。而安徽阜阳市物价局局长张洪钧，他不屈从这种潜规则，甚至和这种潜规则对抗，最终只能辞职走人。无论你屈从或不屈从，在强大的潜规则下，都只能成为"牺牲品"。

前些年，中国的贪官大多还都是"单兵作战"的，近乎于散兵游勇。

这几年不一样了，贪官们作战的战术发生了明显的变化，那就是拉帮成团，"联合作战"，有福同享、有难同当，甚至"丢卒保车"，免得全军覆灭。

贪官们现在很注意自己的"生存环境"，一旦当权，就会巧立名目，把自己信得过的同党们安排在重要的人、财、物等重要岗位，把那些有正义感、仗义执言的人排挤出单位的决策圈、知情圈，为自己作案奠定坚实基础。

当然，也有些"硬骨头"实在排挤不出去，那就千方百计寻找其软肋，施以小惠、大惠，软化、同化之，使其成为"自己船上的人"，成为同党。对那些"执迷不悟者"，就坚决的孤立之，使其成为"孤家寡人"。

肃清贪官，整顿吏治，破除"潜规则"，不从制度的根本(制衡权力、监督权力)着手，无论采用什么手段，基本上都是无效的。贪官们要"抱团"谋利，反腐工作更要形成合力，加大反贪的力度，同时，制度建设要跟上。只有标本兼治，方能从根本上破除这种腐朽的"潜规则"。

【案例2】

主要涉案人：兰州原市委书记王军等
案例主题词：集体腐败
官场"密经"："不参与共同腐败，就难保住头上的'乌纱帽'。"

《西安晚报》曾报道，兰州"首富"张国芳被有关部门实施强制措施后，包括兰州原市委书记王军、原市长张玉舜、副市长杨在溪在内的众多官员相继落马。兰州官员普遍认为此案暴露的原因是干部之间的"不团结"。"不团结"的说法更是被新任兰州市委书记拿到了履新讲话里，他表示，"兰州之所以不出干部，是因为这个圈子内部不团结"。

曾有媒体报道，四川犍为县原县长杨国友因初次受贿，十分害怕，于是到时任县委书记的田玉飞办公室汇报，问怎样处理。田玉飞说既然送了就收下，不用怕。这时，他才明白田玉飞等人也不干净，于是变本加厉地受贿。此报道一出，舆论大哗并引起热评。

对此，有评论一针见血的指出：县委书记劝县长受贿，不仅是劝人犯罪，同时也等于告诉县长"我也受贿"。把自己最大的秘密透露出来了，就使得县长觉得书记很信任他。其结果，不仅县长也大胆受贿，一齐腐败，而且两位党政领导在受贿的共同目标下，更加紧密地团结起来了。

此次，杨国友在法庭上又道出："我为了保住'乌纱帽'，不得不收下乐山市东能集团董事长王德军送的钱！"这话听起来实属出惊人之语，实际上与前言也属一脉相成。

圈子内部不团结，所以不出干部；不共同腐败，就难保住"乌纱帽"。一位新上任的市委书记的高论，一位阶下囚的原县长的哀号，谁知他们竟然形成惊人的"共识"，这是偶然的巧合？还是在向世人昭示其中的奥秘？

时下，一些官员，为了自己的利益诉求，形成依靠权力非法获得利益的"腐败共同体"。以你之长，护我之短；你投之以桃，我报之以李；在获得你好、我好、大家好、和平共处、一团和气、共同繁荣、共同腐败的神奇效果的背后，却是干着违法乱纪，损害国家利益和公共利益的勾当。这无原则的"团结"，使官场变成了一个巨大的漩涡和黑洞，许多人难以摆脱。到了官场，谁不遵守就会被视为另类，谁不腐败就会受到排挤和白眼，谁不按照"潜规则"出牌就会被淘汰出局。这"潜规则"使官场变成了腐败的大染缸，有些人原本素质并不差，但为了不被排斥和淘汰，只好随波逐流，最后滑进腐败深渊。

从"为了保'乌纱帽'不得不受贿！"的话，可以看出这官场"潜规则"的破坏力之大，它可以与党纪国法相对抗，让官场上的人们不顾党纪国法的制裁，前"腐"后继。从"为了保'乌纱帽'不得不受贿！"的话，让人们认清表面上团结而实际上腐败的班子比腐败而不团结的班子具有更大的危险性。要警惕党的干部团结起来搞腐败，从而采取有效措施，净化干部队伍，有力地阻遏官场"潜规则"的蔓延，降低官场"潜规则"给党、国家、人民带来的损失。

官帽可买卖　重财不重才

【案例1】

主要涉案人：黑龙江系列腐败大案涉案人员
案例主题词：卖官买官
官场"密经"："官场有如市场，官位可以'明码标价'、'讨价还价'，甚至可以'批发出售'。"

继黑龙江原省长田凤山和省政协原主席韩桂芝案之后，黑龙江省又有5位副省级和一批地市、厅局级干部落马，引发黑龙江省"政坛地震"，这些腐败案件严重损害了党和政府在人民心目中的威望与形象。

在一些人看来，官场就像市场，有买有卖有价格有中间人；甚至有人把当官当投资，贷款跑官买官。

不少人反映，现在一种较为普遍的现象是，干部提拔必须上面有人，不和上级领导建立"私交"，政绩再好与"官运"无关，而到一定级别后，更必须与上级领导建立"私人友谊"，一些见不得人的东西开始起作用。

据了解，此类"潜规则"的内容比较"丰富"：

一是借口调整干部，动一动就来钱。据绥化的一些基层干部反映，原市委书记马德一年要调整好几次干部。

二是官位明码标价。据一些党政干部介绍，各个级别、各个岗位都有相应的价格。

三是保官也要送钱，否则官位坐不稳。

四是关键时候必须到场，领导生病住院、老人生老病死、孩子上学等等全要出钱，此外还有领导开会、出国考察等都属关键时刻。

一位基层干部反映，马德曾经说过，谁给我送钱我记不清了，但谁没有送钱我全记着！在这种"潜规则"下，你想不送都不行，谁敢得罪能够决定自己官场命运的人呢？

黑龙江的官场腐败有其特性，也就是用最直接的手段获取最大利益。同时，此次涉案的主要是从所谓地市"主干线"上来的干部，胆子太大，心里也没有顾忌，涉案金额都比较大。

按语

官场"市场化"的根本原因不在于我们没有制度，而在于机制不健全，导致腐败分子目无法纪，把官场当成市场来运作。

首先是有些地方选人用人机制不健全。比如，现行干部选拔制度存在不科学的地方，如干部的升迁往往是少数人或"一把手"说了算，权力过于集中；领导推荐、考核干部的办法也有问题和缺陷，领导干部推荐的多是自己"圈子"里的人，一名普通干部只要"跟定"一个领导，就可以从处级到厅级，最后还成了部级后备干部。此外，组织部门的考核内容虚的太多，实质性内容太少，这样的考察，干部有"病"也发现不了。

其次是有些地方党的干部路线落实不力。特别是党的干部交流政策没有得到很好落实，一个干部在一个地方经营时间太长，很容易产生腐败。

第三是监督弱化。有些地方不仅人大监督弱化，党内民主监督和舆论监督也不到位，像民意测验等群众监督也往往流于形式，实际上对权力的监督没有做到制度化。

【案例2】

主要涉案人：马德——黑龙江省绥化市原市委书记(正厅级)，因受贿罪（一审）被判死缓。

主题词：卖官买官

官场"密经"："官场上，位子想坐稳，也要花钱；否则，会被别人买了去。"

马德案是建国以来查处的最大卖官案，牵涉国土资源部原部长田凤山、黑龙江省政协原主席韩桂芝等众多高官和绥化市一大批官员。据悉，共有265名官员涉案，其中包括绥化市下辖10个县市的众多处级以上干部，仅绥化市各部门的一把手就有50余人。

随着查处马德案掀起的廉政风暴，很多人认为这里的官员已成为"高风险职业"。绥化市第一次以常委投票方式产生的某县县委书记，到任半年就离职"改行"。个中原因，据知情人透露是他觉得在绥化当官"风险太大"、"太可怕"。

肇东市（绥化市下属的县级市）的一位领导干部，30多岁，年轻有为，听说马德对他的工作"不太满意"，甚至要"重新考虑"对他的任命，就急忙凑了25万元给马德送去。有关人士称之为"保官"，意思就是虽然当上了官，但要"屁股坐稳"，还得花钱。否则，位置就可能被别人"买了去"。

东北地区十分重视过年，每年春节前，绥化市所属县市区一些干部都要带着钱给马德拜年，否则，连过年心里都不踏实。在这样的"潜规则"下，党纪国法这样的"硬规则"就失效了。有一次，马德到北京开会，有的县委书记追到北京送钱。

早在2001年，沈阳市原市委常委、常务副市长马向东受贿人民币341万元，美元23万元，并有1068万元的巨额财产不能说清合法来源，马向东被依法判处死刑。这对马德产生了巨大的震动。看到昔日的同学被枪毙，马德感觉到"太可怕了"。他连续几天没睡着觉，将近期收受的钱款归在一起，写了一个明细，准备交给纪检部门，以避免和马向东一样的下场。但由于工作繁忙，几天后，他又把这事忘了。

一位办案人员回忆："提审马德时，他曾经说自己心理不平衡，甚至愤愤不平——'我早该当副省长了'"，同时，马德也为卖官败坏风气的责任感到委屈："我还给赵洪彦(原绥市市委书记、省人事厅原厅长)送过钱呢！"

按语

有些地方由于主要领导丧失了一名共产党员起码的品格，大肆买官卖官，用人上不正之风非常严重，葬送了一批干部，败坏了社会风气，在政治、经济、组织、作风等方面给这些地方造成很坏影响。"

其实，下级给上级送钱送物，乃至买官卖官，并不是发生在马德身上的个别现象，而是一种根深蒂固的社会风气，必须引起足够的重视。

提起买官卖官，人们无不痛恨，不仅因为是不正之风，是腐败现象；而且这种现象，还冷了志士奉献之心，堵了人才报国之门，最终误了伟大的事业，损了人民的利益。

遏制买官卖官，必须对"买方"市场加以规范。在现有体制下，一个官员升迁的决定权常常掌握在"一把手"手里，之所以有那么多的人热衷于"买"，关键就是一些领导尤其是"一把手"心不正、耳不聪、目不明、腰不硬，有的甚至怂恿、暗示下属"买"，以期通过官帽批发大发横财。从某种意义上来说，是管"帽子"的人手中"帽子"的紧俏对这种现象推了波，又是要"帽子"的人心中对"帽子"的追求对这种现象助了澜。但可以肯定的是，不管哪一级干部卖官，都会留下违法犯罪的蛛丝马迹，"不是不报，时候没到"，卖官、买官的肮脏交易早晚将大白于天下！

【案例 3】

主要涉案人：马德
案例主题词：卖官买官
官场"密经"："地贫民贫官不贫，至少官帽能卖钱。"

黑龙江省 66 个县排名，综合经济实力最差的 10 个县，绥化占了 4 个。在外地人眼里，绥化市区的面貌更像偏远、落后的县城。涉案 265 名干部背后，是亟需改变的贫困状况和严峻现实。

绥棱县原县委书记李刚因向马德"买官"、并向下属"卖官"而受到查处。该县有 15000 多名下岗职工需要就业，3500 多户贫困户急待解困，有 700 多名学生面临失学，64 个村的生活用水都得不到保障。

青冈县原县长王学武一次给马德送上 50 万元，而这个县 1990 年被确定为国家级贫困县，2001 年被黑龙江省政府确定为重点扶持的贫困县，全县有 104 个村被确定为国家级重点扶持的贫困村，近 40% 的农业人口的生活水平在国定贫困县标准以下。

明水县原县委书记吕岱同样受到查处。该县生产条件极为恶劣，万亩盐碱地，流传着"盐碱地，破皮黄，干伺弄，不打粮，晴天起白沫，雨天白茫茫"的谚语。

绥棱县财政收入只有 6500 万元，县城里的马路是 10 多年前修的，坎坷不平，城镇面貌比较落后。新一届绥棱县委到任后，将当年的国内生产总值、财政收入、农民人均纯收入分别下调了 45%、29.8% 和 25.9%。GDP 大幅度"缩水"，引起了广泛关注。

当地一位老干部说:"马德出事不奇怪,买来的官就得搂(意为敛财)啊,最严重的后果是绥化发展耽误了,形成恶性循环。"他认为,买官卖官的社会风气,使当地干部的主要精力没有放在发展当地经济、改善人们的生活上,而是用在了跑官上。

按语

有关人士认为,改革开放以来,因为腐败问题落马的官员,大多是插手工程、项目,收取巨额贿赂,这几乎已成为腐败问题的一个时代特征。而绥化是欠发达的农业地区,本身就缺少项目,缺少资金,这样,马德等腐败官员的受贿构成,就以卖官为主。这恐怕是贫困地区腐败现象的一大特征。

【案例 4】

主要涉案人：马德
案例主题词：卖官买官
官场"密经"："没钱打点，啥也干不成。"

在马德案中，绥化市下辖10个县市众多处级以上干部卷入，仅绥化市各部门的一把手就有50多人。中央纪委对此案极为重视，将案件交由北京市检察机关侦查。

另据报道，黑龙江纪委部门当时曾查证，马德在先后担任黑龙江省牡丹江市副市长、绥化地区行署专员、绥化地区地委书记、绥化市市委书记期间，利用提拔使用干部等职务便利，先后收受贿赂及礼金共计人民币500多万元、美金2.5万元。

绥化是黑龙江省的农业大市。松嫩平原上一望无际的玉米、大豆和高粱曾让绥化人引以为荣。然而，肥沃的黑土并没有给辛勤耕作的农民以给养，却喂足了一只"硕鼠"。

绥化市原市委书记马德把其执掌的市委大院变成了一个乌纱帽批发部。在马德那里，小到乡镇党委书记、乡镇长，大到县委书记、县长，以及各市、县、区内局委办各部门的一二把手，每个位置都有其"价格"。

马德在任绥化市行署专员及绥化市委书记的6年里，收受的贿赂及礼金之巨，实属新中国成立以来少有。

而绥化市所属的10个县市里，还有农村贫困户15万户、贫困人口46万人，共有527个省级贫困村，2个国家级贫困县，2001年农村居民的全年人均可支配收入不到2000元。

更令人震惊的是，马德案发后，竟涉及领导干部260多人，绥化市包括下辖10个县市的处级以上干部有50%被卷入了这桩惊天大案，而且相当一部分是党政一把手。

"马德在绥化执政的6年里，带坏的是一方官风。那时只要办点事，第一个想到的就是要托人情、找路子。民间更是崇尚攀权比富。没钱打点，啥也干不成。"一位绥化市委离休老干部说。

马德的仕途起步应该是在牡丹江市海林县（现为海林市），从马德的履历表上看到，1982年2月马德任黑龙江省海林县副县长，此后，马德的官运以每两年上一个台阶的速度一路畅通无阻。1984年1月马德任海林县县长，1986年3月任海林县县委书记，1988年12月任牡丹江市副市长。

但在1990年，马德的仕途生涯遇到重挫。踌躇满志竞选牡丹江市市长的马德没有获得牡丹江市人大的通过，落选了的马德在尴尬中于1991年5月出任黑龙江省电子工业局副局长。

然而，谁也没有想到，1992年11月，马德"杀了个回马枪"，又回到牡丹江任职主管经济工作的副市长。

"牡丹江政界许多人搞不清马德这一步有什么意义，只是感觉马德能量很大，因为能再回来做副市长也不是件容易的事情。"牡丹江市人大一些离休老干部至今仍有些迷惑不解。

以退为进的马德在1996年11月从牡丹江市副市长的位置上升任绥化行署专员，4年后就任绥化地改市后的第一位市委书记，从此开始了他在绥化政坛6年的"马德时代"。

"官位就差插个草标明码标价了。想当上哪个口的一二把手需要多少钱能'办利索'，在干部那里都是心知肚明的事。"绥化市委一位科级干部曾在绥化某乡镇副书记的位置上一干就是5年，但因为不会"走关系"、"上面没人"，虽然乡长的位置空过一年，但也没他的份。

然而，令人震惊的是绥化从官员到普通民众对这种"花钱才能办成事，才能当上官"的心理的高度认同，以及干部队伍对马德式"潜规则"的普遍无力感。

某镇党委书记在上任伊始，因为觉得和四把手"合脾气"，竟明白地告诉他，你去竞选镇长吧，我来帮你在上面找路子，钱我先给你垫着。这位四把手胆却太小，一是不想借债送礼，二是觉得这样升官良心上过不去，于是马上被排挤出局，连四把手也当不成了。

"想当上镇长至少得7万，我一个月工资才600多元，我没钱送这个礼。再说就是当上了，我也狠不下心把这7万元再想办法弄回来，我们那个镇许多农民家里穷得连电费都交不上，还点着油灯呢。"这位基层干部说道。

【案例 5】

主要涉案人：马德
案例主题词：卖官买官
官场"密经"："有奶便是娘，给官便是爹。"

马德在绥化地改市后就任市委书记，利用手中的权力卖官鬻爵也达到了登峰造极的地步。绥化的官员们为了能够接近马德、攀上马德，也不择手段。走"夫人路线"是一类。绥棱县原县长李刚于 2000 年 3 月，让其妻子焦某将一张 30 万元的存折送给马德之妻田雅芝，田收下后告诉了马德。2001 年春，李刚即被提拔为绥棱县委书记。

借领导住院送礼是一类。海伦市原市委副书记王学武在 2000 年 11 月，借马德在绥化市医院住院之机，向马德行贿。2001 年春，王学武被提拔为青冈县县长。

直截了当送礼要官是一类。明水县原县长吕岱，先后 3 次送给马德 14 万元，不久，吕岱被提拔为明水县县委书记；绥化市水利工程处原处长张忠义，为了自己和女儿被重用提拔，曾一次送给马德 10 万元，很快，马忠义被提拔为绥化市民政局局长。

为了达到被提职甚至保住现有官位的目的，肇东市原市委副书记高波，青冈县原县委副书记、政协主席苏吉禄，绥化市财政局原局长吴光也都不断向马德送礼。

"绥化一个处级干部的工资一年最多也就 2 万元，他们给马德送礼动辄几万十几万，这钱又是怎么来的？"其实，答案很简单：层层向下盘剥就是了。

一个"连话都说不清楚"的普通乡镇助理在一个偶然的机会里,通过"省里的关系"结识了马德的妻子"田姨",立刻说话气也粗了,官也升了。没多久便当上了副乡长,再调到绥化市某局任副局长升为副处级。

为了攀权结贵,许多人甚至不惜拜马德为"干爹",尽管年龄不一定比马德小多少,也心甘情愿地给马德做"干儿子"。马德案发后,已有两位"干儿子"因涉嫌犯罪被查办。

一位是绥化市北林区三河镇原党委书记马龙军,2001年马龙军因重婚罪、乱砍乱伐罪被判刑。别人搞婚外情,顶多就是"包二奶",而马龙军是明目张胆地明媒正娶。不但登记结婚,"二奶"还给他生了个儿子。在职期间,马龙军为了敛财,竟把其管辖区内生长了几十年的"三北"防护林带全部砍伐掉,和朋友合伙高价出卖,然后将钱款据为己有。

农民出身的绥化正达建筑安装工程有限公司董事长申百臣能够在绥化呼风唤雨,一个直接的原因也是因为他是马德的"干儿子"。近几年来,绥化的大型建筑工程几乎都被申百臣通过马德的关系垄断,由正达公司承建。

和马德几乎同时落马的还有绥化市原市长王慎义。北京市东城区检察院反贪部门在起诉意见书中认定,2000年5月至8月,王慎义在担任绥化市市长期间,先后收受10余人的贿赂,赃款赃物折合共计人民币200余万元,构成受贿罪。

因此,说绥化这块土地备受贪官蹂躏并不言过其辞,2003年以来曝光的一系列腐败官员的确都曾在这块土地上扮演过重要角色。

田凤山、马德、王慎义,以及马德前任、黑龙江省人事厅原厅长赵洪彦都曾在绥化权倾一时,做过地委书记、市委书记、专员、市长,他们的行事作风对地方官员潜移默化的影响是十分深远的。

由于历史欠账,绥化的市政建设和黑龙江省其他地级市相比一直较为落后,绥化看上去更像一个小县城,目前在绥化街头跑的出租车还大都是"面的"。

"马德来绥化之后，绥化的市政建设突飞猛进，盖了许多高楼，马路也拓宽了。连马路边的人行道都铺上了磁面彩砖。"一位在绥化生活了几十年的饭店老板向记者发着牢骚，"只是这彩砖中看不中用，一下雪滑得都不敢在上面走，每天不知道多少人在这上面摔跟头。另外，这价格也太离谱了，每平米定价120元，承建人是马德的老婆，彩砖的卖方是马德的小舅子，你算算绥化有多少临街的铺面和单位？得多少面积？就这一项，马家赚了多少钱？"

但这还仅仅是问题的一个方面，据绥化市建委一位知情人士透露，为了瓜分人行道彩砖这块"肥肉"，原市委书记马德和原市长王慎义达成了"君子协议"：以绥化的中直路为界，东城归马德的人承建，西城归王慎义的人承建，并以行政手段向下面摊派，承建人员铺完砖后按标准统一收费，并美其名曰"政府统一规划城建"。

在黑龙江省纪委对马德案的通报中，还可以"看到给"马德行贿送礼者在空间上的不断延展，看到权钱交易下的生物链。

早在1995年11月，马德时任牡丹江市副市长时，牡丹江制药厂原厂长苗胜国为了答谢马德帮其企业贷款等种种"关照"，就送给马德5000美元；苗与马的这种"友谊"在马德调往绥化任上后依然保持着，1998年春节前，苗胜国驱车千里到绥化看望"老领导"，又送给已任绥化行署专员的马德10万元人民币。

1998年末，哈尔滨市金事达集团原董事长肖海鹏在绥化地区筹办种羊场，肖老板为了得到马德的关照，与苗胜国又一起送给马德30万元。于是，在马德书记的亲自过问下，肖海鹏的种羊场很快办了起来。为了感谢马德，肖于2000年6月又一次向马德进贡。

2003年5月13日，中共黑龙江省委对马德作出开除党籍及行政公职的处分，马德最终受到法律的严厉制裁。

按语

　　马德的官场逻辑就是强权逻辑，就是拜金逻辑。一个地级市的市委书记、市长在一月内同时被"双规"，并事涉全市50%以上的处级干部，这一事件导致的直接后果就是政府公信力的丧失。

【案例6】

主要涉案人：众贪官
案例主题词：卖官买官
官场"密经"："管你笨得像头猪、还是像头驴，你会进贡吗？——'会！'——提拔你！"

近些年来一些地方官员疯狂卖官，然而，卖官者无论多"聪明"，最终无一例外地被查办，被追究法律责任。有一家媒体以最有"影响"的十大卖官书记为例，警示为官者：卖官者没有好下场，最终都把自己"卖"进了牢房。

第一大卖官书记：影响最大、最恶劣的卖官书记——黑龙江绥化市原市委书记马德。理由是：它牵涉原国土资源部部长田凤山、黑龙江省政协原主席韩桂芝等众多高官；整个绥化市所辖的一区三市六县中，有50多个单位的一把手，共260多名干部牵涉其中；在马德那里，小到乡镇党委书记、乡镇长，大到县委书记、县长，以及各市、县、区内局委办各部门一二把手，每个位置都有"价格"。马被判死缓。

第二大卖官书记：创记录最新、最多的卖官书记——安徽省滁州市人大常委会原副主任、国家级贫困县定远县原县委书记陈兆丰。理由是：陈兆丰因卖官获"陈千万"称号，他"创造"了受贿人数和次数最多、金额最大、卖出官帽最多的记录。陈先后卖出110顶官帽，官帽价值平均每顶一万多元，卖官收入超过150万元。陈被判无期。

第三大卖官书记：最"心虚"的卖官书记——原商洛市委常委、商州区委书记张改萍（女）。理由是：卖官受贿占受贿比最高，张受贿28宗，其中有27宗是卖官，占受贿比的96.43%；张卖官后非常心虚，终日求神拜佛，以求"宽恕"。张改萍到商州工作后不久，就开始大搞封建迷信活动，痴迷于烧香拜佛，花费达几十万元，但佛祖并不保佑她，最终获刑13年。

第四大卖官书记：**最胆大的卖官书记——河南省上蔡县原县委书记杨松泉**。理由是：杨因作奸犯科被"冷冻过"，后被重新启用，不料，杨不思悔改，刚上任就卖官，且卖官所得赃款被下属盗走后，竟责令公安破案，所追赃款送给公安部门；2001年卖出10个乡长、两个乡党委书记职务，此后，该县卖官成风，且明码标价。杨已被查处。

第五大卖官书记：**最"合法"卖官书记——抚顺市原市委书记周银校**。理由是：周在担任抚顺市委书记期间，运用在干部任免上的"初始提名权"，通过一系列包装以及所谓的组织程序，"合法"卖官5次，敛财26万元。周获刑14年。

第六大卖官书记：**最无耻的卖官书记——福建省宁德市周宁县原县委书记林龙飞**。理由是：周号称"三光"书记，他声称：要将看中的女人搞光、财政的钱花光、官位卖光。1996年5月至2003年4月，林龙飞在担任周宁县委书记期间，先后251次收受68名干部、职工贿送的钱款。林一审被判死刑。

第七大卖官书记：**最"霸气"的卖官书记——辽宁省原葫芦岛市连山区区委书记李玉麟**。理由是：李玉麟利用"一票否决权"卖官，实行霸道式卖官！先后收受33名乡党委书记、镇长等人贿赂人民币106.8万元，美金3万元。李被判刑。

第八大卖官书记：**最"抢时"的卖官书记——江苏省盐城市政协原副主席、响水县委书记李树春**。理由是：李在担任响水县委书记期间，对不符合条件的，只要你付了钱照提拔不误；1995年底，李得知自己将要调离响水，为了"抢时间"卖官，干脆来个"乌纱""大批发"，一天上午用2个小时，突击研究变动了102个科级干部，无论提拔还是调动，多是李一人说了算。李被判12年。

第九大卖官书记：最荒唐的卖官书记——山西省长治县原县委书记王虎林。理由是：王在离任前，批发官帽430顶。从1999年2月5日至4月24日，不到两个月时间内，共调整干部432人，提拔正、副科级干部278人；县委机关只有6名干事，全县20个乡镇，副科级以上领导干部占到乡镇干部总数一半以上。会计跃为法院副院长，司机当上县委办副主任；当年，在长治县流传着这样一句顺口溜："五千块钱站站队，一万块钱上上会，两万三万才到位"。王被判8年。

第十大卖官书记：最"独裁"的卖官书记——四川南充市高坪区原区委书记杨毓培。理由是：奉行"三不"政策，即不经组织考察、不搞民主测评、不征求纪委意见，抛开常委会集体决定，专门成立"调动领导小组"，实行"一支笔"签字"批发"官帽。杨毓培在担任中共南充市高坪区区委书记、中共南充市营山县委书记期间，先后收受26人贿金共计70.8万元。

这些卖官者虽被查办，但是，这些案例无不证明：一把手的好坏直接影响地方执政基础，影响到一个地方总体党风、政风、民风，影响党群干群关系。总结教训，必须重视并加强对地方一把手特别是市委书记、县委书记的监督。

身边傍大款　致富有捷径

【案例1】

　　主要涉案人：王怀忠——安徽省原副省长，因受贿罪、巨额财产来源不明罪被判死刑。
　　案例主题词：勾结不法奸商
　　官场"密经"："有权的傍上有钱的，权就'增值'了。"

　　对赤胆忠心的部下，王怀忠是恩宠有加；对曲意逢迎在身边的大款朋友，王怀忠同样是关爱有加。王怀忠与许多大款朋友关系密切，以致当地流传着他身边有"八大金刚"的说法。虽然他们交往的内容不为外人所知，但人们不难从外表上的一些反常现象猜测背后的权钱交易。人们发现，他们是王怀忠外出时的随从，鞍前马后，安排打点，全不用王怀忠操心；他们是王怀忠休闲时的伙伴，他们开设的饭店酒廊，是王怀忠经常光顾的场所，声色犬马，一应俱全。随着王怀忠权力日重，这些人中的绝大部分也成了暴发户。

　　占地近4亩的阜阳市少年宫地处阜阳市中心，仅地皮的市场价值就在1000万元以上。在王怀忠的支持下，私营企业主丁佩琦1996年仅以200万元搬迁费、80万元居民搬迁补助就将这块地皮买下。少年宫的干部职工不同意，丁佩琦就和少年宫的主管单位移师合肥签下土地转让协议。按照这份协议，搬迁后的少年宫必须租用丁佩琦开发的地处市郊位置的四层楼房，租金则由市财政直接拨付。

在阜阳近期查处的腐败案中，1996年是一个明显的发案高峰期。这一年前后，阜阳的大事可真不少，阜阳铁路枢纽动工建设、阜阳撤地改市紧锣密鼓地进行……而一些不法奸商趁机利用官员手中的权力大发其财。原阜阳市唯一的体育场以其优越的地理位置被房地产商李某看中，他找到王怀忠后，王怀忠就拍板要以5000万元卖给李某。消息传出，此举遭到全市干部群众的强烈反对，因为新建一个同样规模的体育场至少须投资一个多亿。在有关方面参加的协调会上，王怀忠扬言"不换脑筋就换人"，当即撤掉持反对意见的体委主任。在王怀忠的高压下，最后李某仅付了1000万元就取得了这片土地的开发权。

被列入安徽省第三产业十大建设项目之一的阜阳购物中心，本来是由阜阳纺织品站、商业局、卫生局、物资局等6家单位在纺织品站3.3亩办公用地联合开发，并已先期投入了资金300万元。但在王怀忠"内资服从外资"的要求下，仅以300万元的补偿就将这块地皮低价转让给假外商贺文俊。而贺文俊拿到这块地皮不到两个月，又在王怀忠的批示下，以1180万元的价格倒手卖给阜阳市建设银行。就靠这块地皮的低价进、高价出，贺文俊这个在兔毛生意中亏了血本的阜阳农民便得以东山再起，俨然成了大款，他也确实凭此一举进入大款的行列。

阜阳人民反映，王怀忠在利用手中权力为大款朋友谋取不法利益时，可以说是胆大妄为，肆无忌惮。党和人民赋予他的权力，几乎成了他可以任意转赠亲朋好友的"私有物"。黄锡川的发迹就是典型的一例。

1996年，在王怀忠的刻意安排下，阜阳市有关部门从外资农业项目收回的贷款中划出了300万元，借给私营企业主黄锡川，让他以泰商的名义成立了从事黄牛养殖开发的广兴开发公司。此后，咄咄怪事接连发生：用于黄牛配种的冻精管，市场上只需几元钱一支，而广兴公司要卖每支100元；销售冻精管价格高钱不好收，王怀忠就给市财政局打招呼，直接扣有关县市财政的钱，有的养牛大县一次就被强行划款100多万元。既便这样，广兴公司一年之后在账面上还出现严重亏损。王怀忠又让市政府以 800 万元的高价，收购广兴公司 70% 的股份，而这笔钱居然是从扶贫款中挪用来的。阜阳市有多少真正的扶贫项目在等待着扶贫资金的支持，而 800 万元的扶贫款就这样按王怀忠的旨意划到了私营企业的帐上。据阜阳市财政局一位负责人粗略统计，黄锡川的广兴公司从成立到卖给市政府，阜阳市财政的资金损失达 2000 万元。

向王怀忠吹嘘能与中央领导的亲戚挂上钩的杨小明，借开发黄牛产业圈钱，介入国企改革敛财又是一例。1996 年后，杨小明连租带建办了两个皮革加工厂，对外号称其规模亚洲一流。但没经营几年先后宣告破产，导致上亿元的银行、财政资金打了水漂，而杨小明在上海和深圳的生意却日见红火。阜阳市一名分管工业的副市长介绍说，1997 年在杨小明行将恶意破产之际，王怀忠仍决定由杨小明托管阜阳市肉联厂，并安排市财政注入资金 800 万元。杨小明接手时，阜阳市肉联厂尚有净资产 3800 万元。由杨小明接手经营 10 个月后，再由杨小明将肉联厂交还给阜阳市时，不但原有资产流失殆尽，还新增债务 2500 万元。这一进一出，阜阳市又损失资金几千万元。有王怀忠的如此关照，他的那些大款朋友聚敛钱财时是多么轻松如意。

为了让大款朋友手中的钱财锦上添花，王怀忠慷国家之慨是大方的，甚至不惜让阜阳市财政被追究违规担保责任。1997 年，房地产开发商苏星开发阜阳古商城的房地产项目时，因缺少资金几乎停顿。为了帮助苏星解决资金短缺的难题，王怀忠直接授意有关部门，安排苏星成立一个假的农工商高科技开发公司，以黄牛产业开发为名，申请发行 2000 万元的国债。王怀忠还同意由市财政为苏星提供担保。这笔钱到了苏星的手里后，他开发的房地产项目得以继续进行，但对这笔以债务形式搞到手的钱却只偿付过几十万元便不再理会了。将这笔钱为苏星搞到手的始作俑者是王怀忠，至于苏星还不还钱就不再过问，别人也不好说什么，只是钱最终还是要还的，还钱的责任最终由阜阳市财政承担了。阜阳市财政替苏星支付了 300 万元利息不说，还因此被安徽省财政厅追究违规担保责任，于 2000 年一次性从阜阳财政资金中划走 1900 万元,使阜阳原本就十分困难的财政更是雪上加霜。

平日深得王怀忠恩泽的大款朋友,在听说王怀忠有"难"时,纷纷表现出有"难"同当的姿态。2001年10月,中纪委派专案组进驻安徽,心里有鬼的王怀忠有些沉不住气了。一个在外闯荡数年、摇身一变成为假外商的阜阳人张某,与王怀忠关系密切,她吹嘘在京城有关系,可以帮王怀忠摆平上面的调查。王怀忠信以为然,让好友、阜阳国贸商城总经理李某出活动费。李某当仁不让,一下子拿出200万元活动费,交给张某去"打点"京官。王怀忠没有料到,此举无疑是他的自我彻底暴露。李某也没有料到,结果是让他和王怀忠一起在反腐倡廉的风暴中沉没。

从王怀忠让他的这些大款朋友聚敛财富的过程不难看出,官员与不法奸商结成特殊的"利益集团",一损俱损,一荣共荣,是当前一些官员腐败行为中的突出现象。这种官商一体的倾向,比一般的行贿受贿更加可怕,危害性也更大。

【案例2】

主要涉案人：李纪周——公安部原副部长，因受贿罪、玩忽职守罪数罪并罚，被判死缓。

案例主题词：勾结走私犯罪分子

官场"密经"："钱不咬手，管它来自哪里！"

1993年底，时任公安部党委委员、部长助理、全国打击走私领导小组副组长的李纪周到了厦门，参加庆祝厦门特区成立十周年纪念活动。参加活动期间，时任厦门市委副书记的刘丰等向李纪周大谈赖昌星如何如何，还找机会将赖昌星介绍给了李纪周。短短接触，李纪周和赖昌星两人内心均发出相见恨晚之叹。当时的赖昌星已经通过走私聚敛了大量财富，在厦门称得上呼风唤雨、一手遮天，但他仍然不满足。也许是自知罪孽深重惶恐不安，也许是急于发展、再上一层楼，他要在北京、在中央机关"打开局面"。仕途上鸿运当头的李纪周让赖昌星感到兴奋，而赖昌星的慷慨、豪爽和财富也同样令李纪周佩服。李纪周不仅看重赖昌星的能量、财力，对他的行事风格、做派也颇为赞赏。李纪周不止一次地对周围的人称："他才真正像个做大事的人。"谈起另一个与自己有利益关系的走私商人、新英豪公司的董事长梁耀华，李纪周对其大肆走私行为倒是未置可否，只说他是一个小地痞、小混混儿。"赖昌星不同，他说话从来不那么直白，但你能明白他的意思。只要他答应的事情，马上会给你办好。"从以上的言谈话语中不难看出，赖昌星在李纪周心目中的地位非同一般。

一个想结交李纪周这样的"京官"，一个看重赖昌星为人处事的风格，两人从此来往密切。别小看李纪周对"朋友"的那些评论，赖昌星出手阔绰，而梁耀华"小里小气"，做"大事"的人自然在李纪周的心中份量重。怎样才能算是做"大事"的，在李纪周的心中是有其标准的，首先是敢花钱，视钱如命断断不可成就大事，这就是李纪周对"朋友"的重要判断。

对李纪周夫人程辛联的慷慨资助，进一步加深了赖昌星与李纪周的交情。李纪周夫人程辛联原为首都图书馆副馆长，一副热心肠的样子，很好事，曾为首都图书馆做成过一笔生意，自此就以为自己有经商之才。在全民经商潮中，程辛联也浮躁起来，打起了做买卖发财的主意，并为此办理了病退手续，到处张罗着要做生意。1994年下半年，赖昌星来到北京，下榻王府饭店。李纪周夫妇前去探望闲聊时，赖昌星问及程辛联工作单位情况，李纪周有些无奈地说："退休了没事干，在家闲呆着。"敏感的赖昌星立刻看到了时机，却又有些漫不经心地进言："可以做生意嘛！为什么不做生意，我可以帮忙嘛。"虽然李纪周当下没说什么，心里却很滋润。他觉得，既然赖昌星主动答应帮夫人的忙，一定会有所表示。

当年11月下旬，程辛联看中了一个要转让的饭店，打算与别人合伙承包，可手头没有钱交定金。回家对李纪周说了这个难处，李纪周指点道："赖昌星不是说要帮你吗？你可以去找他啊，他这人既爽快又有钱，不会食言的。钱的事不就落实了？"次日，程辛联就给赖昌星打了电话，赖昌星果真立即答应帮忙，并给了程辛联一个人名和电话号码，让程辛联直接去找那人拿钱。程辛联与那人取得联系后，轻轻松松得到了100万元现金。第二年，李纪周在北京见到赖昌星，提起程辛联拿到手的100万元钱，不无深意地说："你给她那么大一笔钱，她又不会做生意，要是赔了怎么办？"赖昌星满不在乎地说："不会做，做几次就会了。这些钱就当交了学费，不用还了。"李纪周没有客套，回家后告诉程辛联，那100万不用还了。后来，程辛联中途取消了与别人合作承包饭店的打算，等于从赖昌星手中白得了100万元钱，压根也没想过把这笔钱还回去。

李纪周对独生女儿一向十分宠爱，有求必应，使得千金小姐愈发任性娇气。李纪周的女儿大学毕业后看哪儿都不顺眼，更不愿意按部就班参加工作，一心想着到国外花花世界去闯一番。对女儿迁就惯了的李纪周，顺着女儿的心思去想办法，以便把女儿早日送出国。1996年，李纪周通过中国西北石化设备集团公司的总经理王某，将女儿安排在该公司驻美国旧金山的办事处工作。同年，李纪周到法国访问，善解人意的赖昌星及时安排几个人陪同程辛联到厦门旅游散心，借以消除一人在家的孤独感。程辛联在厦门期间，赖昌星有空闲时间甚至亲自陪同程辛联游玩。一天晚上，程辛联与女儿通电话后得知，女儿在美国和同事们无法相处，骄矜受挫，已经负气离开了所在的办事处，境况很不好。程辛联一听急得要命，伤心得哭了一夜，第二天眼睛还红肿着。赖昌星见状，问明情况，好言劝慰。李纪周从法国归来，在北京见到了赖昌星。赖昌星问李纪周："你女儿在美国的情况你知道不知道？"李纪周回答："刚知道，我也很着急，有什么办法呢？"赖昌星很义气地说："我来帮她嘛。"

　　心里牵挂境况很不好的女儿，程辛联很快专程去了趟美国，实地了解女儿的状况，以想办法帮助女儿解脱困境。回国后程辛联把女儿在美国的实际情况告诉李纪周，并说女儿想自己干点事，但没有资金。没过多长时间，李纪周告诉程辛联，赖昌星答应给女儿的帮助可以落实了，让程辛联给赖昌星打电话。第二天，程辛联与赖昌星通电话，赖昌星要了李纪周女儿的银行帐号。没过几天，李纪周女儿打来电话，说收到了50万美元。程辛联马上给赖昌星打电话，连声表示感谢，赖昌星只是说，要叮嘱女儿，钱别乱花，也别叫人骗了。事后，李纪周夫妇聊天时说起此事，李纪周感慨地说："赖昌星很够意思，说这笔钱就是女儿做生意赔了，他也不要了。"这时的李纪周已是很坦然地接受赖昌星的馈赠。

　　想方设法援助李纪周的夫人、女儿，也是赖昌星拉拢李纪周的高明之处，而对李纪周的夫人，赖昌星照顾得更为周全。1995年底，程辛联带着尚未出国的女儿和外甥女到香港过圣诞节,此行是梁耀华负责接待。程辛联抽空去赖昌星的公司去拜访赖昌星。见面后,赖昌星略带歉意地说,这一阵太忙,没有时间陪陪你们。随后,他递给程辛联5万港币,让程辛联在香港零用。梁耀华的热情接待加上赖昌星给的5万港币,程辛联带着女儿、外甥女在香港度过了一个愉快的圣诞节。离港返京时,程辛联将手中的5万港币差不多花了个一干二净。

快到1996年底时,程辛联再次来到香港,这次的接待是由赖昌星负责。一到香港,程辛联就被赖昌星的手下接到君悦酒店。第二天,赖昌星的一个秘书来看程辛联,说是赖昌星顾不上陪同她了,让把一个信封交给她。等赖昌星的秘书留下信封离开房间,程辛联打开信封一看,里面装的全是千元面额的港币,总共是6万元。虽然赖昌星专门派人向程辛联打过招呼,说是顾不上陪同了,但他还是抽空赶过来,而且是自己开车来的,对程辛联说带她出去转转。坐上赖昌星亲自驾驶的汽车,程辛联原来以为是带她看景色,不料是带她去了一个离住处很远的珠宝行,赖昌星花3万港币买了一个2克拉的白金钻戒交给她,说是特意给她买的。6万港币现金加3万港币的白金钻戒,程辛联此次香港之行比上次还开心。

尽管赖昌星很少直接给李纪周钱,但遇到机会他也会给的。1997年上半年,赖昌星来到北京,李纪周到他下榻的王府饭店去看望,分手时赖昌星给了他3万港币。钱虽然少点,还比不上每次给程辛联的多,也和李副部长一年的工资收入差不多。

生意人不会做赔本的买卖,何况赖昌星这样精明的大老板。凭借平常积累起来的情谊,赖昌星遇到难题就向李纪周张口了。1997年4月的一天,本来不那么直白的赖昌星给李纪周打了一个电话,说一个朋友的船在海南被边防机关无理扣了,请他帮忙解决。这差不多是赖昌星第一次向李纪周张口,李纪周岂会坐视不管。他立刻给海南省边防局领导打电话,在电话中他自会说得很委婉,既有原则又不失巧妙地表达了放船的意思。李纪周没在电话中直接让下属们放船,是他知道下属们会清楚地明白他的意思。事情的结局果真如此。后经查明，李纪周干预海南省边防部门查处的是"奥林匹克勇士"号油轮，船上装有违法进口的柴油32000吨，估值人民币6000万元。

通过李纪周干预查处"奥林匹克勇士"号油轮，赖昌星从李纪周身上收到了投资回报，以后再遇到难题便会不加思索地给李纪周打电话求援，诸如办理香港与内地两用车牌照，货船在浙江、上海等地被扣等。在福建遇到难题赖昌星不用找李纪周帮忙，他觉得自己的关系足够用了。而李纪周一旦接到赖昌星的求援电话，总会毫不犹豫地打一个或几个电话，遂赖昌星所愿。

从赖昌星与李纪周的交往中不难看出，赖昌星其实是在花小钱与李纪周交朋友。赖昌星的高明之处在于这些"小钱"花得恰到好处，得到了李纪周发自内心的认可，他也变成了被赖昌星购买的一种有巨大增值潜力的商品。

无论是小地痞梁耀华，还是走私大枭赖昌星，都背靠李纪周这棵大树达到了自己的目的。也有人只有投入，却没有得到预期收获。1996年6月，广东省开平建安集团公司董事长周民兴请李纪周帮助推销激光瞄准器，李纪周指令公安部装备财务局派人与周民兴商谈。周民兴给李纪周的回报，是将1万美元送到了李纪周家里。但他请李纪周帮助办的事，最终因价格问题没有谈成。只是周民兴有他的理解，李纪周是公安部副部长，以后可能还有许多事要求他办，先打好基础，以后办事方便。无奈随着李纪周东窗事发，周民兴再也没机会利用他打好的基础找李纪周办事了。

按语

李纪周身为政法战线的高级官员，知法犯法，勾结社会败类，完全是私欲熏心、丧失良知，理应受到法律的严惩！

上司贪在前　下属学样板

【案例1】

主要涉案人：刘方仁——贵州省原省委书记兼人大主任，因受贿罪被判无期徒刑。
案例主题词：毁坏官风民风
官场"密经"："'一把手'贪，你还怕什么？"

说起贵州的经济状况，自明朝永乐11年有建制后，贵州就是13个行省中最穷的一个，此后的状况一直如此。"天无三日晴，地无三里平，人无三分银"，这是贵州人形容家乡落后面貌的俗语。新中国建立的半个多世纪以来，贵州的经济虽然有发展，但贫穷的面貌一直没有彻底改观。贵州的各级领导干部，本应努力带领各级人民早日改变落后面貌，可贵州官场令人痛心地出现了怪现象，贪官呈前"腐"后继的趋势，一个接一个被挑落下马。

谈及贵州的贪官，卢万里是无法被忽视的。他疯狂收受了高达2500万元的贿赂，当之无愧地成为贵州巨贪。卢万里收受的巨额贿赂，均发生在1996年3月至2002年1月他担任省交通厅长的近六年的时间里。

交通系统向来都是肥缺，经不起诱惑栽倒的高官在这一领域不在少数。就拿西南地区来说，自2000年以来，已先后有原广西交通厅党组书记褚之田、原四川省交通厅厅长刘中山因贪污受贿身陷牢狱。紧临广西的广东省交通厅副厅长牛和恩于2003年因收贿赂和滥用职权被查处,在河南更是有连续三任交通厅长接连落马的例子。

实施西部大开发战略以来,国家和贵州省都加大了对公路交通建设的投入,自1998年至2002年,累计投入到贵州公路建设上的资金超过了280亿元,修建了贵阳至遵义、贵阳至新寨、贵阳至毕节、凯里至麻江、玉屏至铜仁等一批高等级公路,极大地改善了贵州的交通条件。

大力发展交通给卢万里提供了一个广阔的舞台,只是他没有用这个舞台造福贵州,而是借机大肆搜刮,为个人聚敛财富。亲自兼任贵州省高速公路开发总公司总经理的卢万里及其同僚,利用制度上的漏洞,通过操纵招投标、骗标、工程层层转包、虚开工程计价单、篡改施工图纸等手段,非法侵占了上亿元的国有资产。

胆大妄为的卢万里在任期间主持修建的贵毕线(贵阳至毕节),在有监理公司入驻的情况下,竣工后发现有些路段竟然比设计规划窄了2米,以致后来交通事故接连不断,通车后一年多的时间里有百余人在这条路上遭遇车祸丧命,老百姓称它为"死亡之路。"

身为交通厅长的卢万里不但"精通"工程技术,也熟悉财务管理。案发之前,他属下的公司曾多次在审计部门的审计中蒙混过关。直到2001年8月,国家审计署在对全国16个省、区420亿国债资金进行专项审计的时候才发现问题,贵州省高速公路开发总公司曾以每个500元的价格购买了一批实际仅值76元的迫紧器,用于贵新和贵毕两条高速公路的建设当中。

国家审计署发现的问题直接动摇了卢万里的位置,何况他涉嫌更严重的问题。在2002年1月7日召开的贵州省九届人大常委会第二十六次会议上,卢万里贵州省交通厅厅长的职务被免去,2月份便发生了轰动一时的卢万里出逃斐济事件。出逃一年多以后,卢万里被引渡回国,贵州交通系统的特大贪污腐败集团的盖子被逐步揭开,原贵州省交通厅副厅长张有德和另外七名处级干部也被处理。由此被波及的更高层官员，除了刘方仁以外，还牵出了原贵州省副省长刘长贵。

按职权分工刘长贵是卢万里的直接领导，1998年当上贵州省副省长的刘长贵分管交通。据知情人称，正是有刘长贵的力保，才给了卢万里出逃海外的机会。

从关于开除刘方仁和刘长贵党籍的处分决定中可以看出，刘长贵收受贿赂的渠道和刘方仁基本是相同的，收受的钱财出自陈林和贵州省军电建设集团公司总经理刘某。这些线索表现出，贵州腐败的高级官员犬牙交错，纠缠在一张网络之中。

与上述腐败高官脚前脚后落马的原贵州省新闻出版局局长姚康乐、原贵州省地税局局长罗发玉，两人都有相似的犯罪事实，即利用职权将本单位的基建项目承包给某个建筑公司，从中牟取私利。姚康乐、罗发玉的犯罪事实从表面上看和刘方仁没有直接关系，实际上则不然。贵州省政府某部门的一位干部认为，在贵州这样一个边远的省份，官场其实很简单，书记就是老大，省长就是老二，厅局级干部的任用和作为，不可能和一把手完全没有关系。何止是贵州，现行的干部体制就决定了省委书记在选用干部时的权威作用。

再拿与刘方仁案情有关联的卢万里、刘长贵来说，卢万里原来只是贵州铜仁地区行政公署的一个专员，却在1996年一跃坐上了炙手可热的交通厅长的宝座；刘长贵能够从水城钢铁公司总经理的位置上迅速升任贵阳市委副书记、市长，到1998年又荣升掌管实权部门的副省长，倘若没得到省委书记刘方仁的首肯，别说走马上任，连提交组织部门考察上报的可能性都不存在，这是起码的组织程序。

单从数字上看，与邻近省、区的贪官如成克杰、李嘉廷之流相比，刘方仁侵吞的赃款似乎少一点，但是，对于贵州孱弱的经济发

展水平和数以万计生活在大山里尚未解决温饱的贵州农民而言,出现刘方仁这样的贪官已经是要命的了。再说,即便是贵州的经济发展得很富裕了,也不允许刘方仁之流的贪官存在。

【案例 2】

主要涉案人：王怀忠——安徽省原副省长，因受贿罪、巨额财产来源不明罪被判死刑。

案例主题词：毁坏官风民风

官场"密经"："跟着上司走，错了也没错。"

当王怀忠被"双规"后，提起阜阳的未来，阜阳人普遍感到忧虑。当地大部分正直的领导干部说，王怀忠"至少坑了一代人"。这不仅仅是指经济上的，更主要的是指政治上的。因为王怀忠改变了阜阳的政治生态，破坏了阜阳的社会风气。提起被改变的政治生态和破坏的社会风气，有一个人不能忽略，他就是肖作新。

王怀忠和肖作新，曾经是一对工作搭档，分别担任阜阳市委书记和市长。但熟知阜阳内情的人都知道，肖作新和王怀忠并不是利益共同体。许多阜阳人评价肖作新与王怀忠是"貌合神离"，两人的性格、行为方式有许多不同之处，肖作新为官资格老，可王怀忠早于他被提拔。肖作新与王怀忠的矛盾，一直处于半明半暗之间。

据阜阳市一位已退休的老干部回忆，1996年召开党代会时，肖作新和王怀忠分别是市委副书记、市委书记。临到选举市委常委，有两个候选人是公认的属于王怀忠要提拔的人，肖作新鼓动一些委员联手，第一轮选举那两个人全未通过；到了第二轮，35名委员有4人弃权，剩下的31票中，那两人又"非常准确"地分别得15、16票，均不过半数，从而使王怀忠的两个亲信全部落选。

说起肖作新，在阜阳比较公认的看法是，他毁在一个女人身上，这个女人就是他的结发妻子周继美。在阜阳，至今还流传着周继美的许多故事。据一位曾与肖作新共事多年的前任领导干部说，肖作新早年曾数次差点与周继美离婚，后来怕落下"陈世美"的骂名，才不再提离婚之事。早在肖作新出事之前，周继美就以"爱财、凶悍"闻名。阜阳人最爱说的一个例子是，有人给肖作新家送来饮料，周继美舍不得喝，拿到商店里去卖，卖还不能按批发价格结帐，而且必须拿到现款。省纪委对肖作新的调查让周继美沉不住气，她偷偷跑到银行要将400多万元现金转移，结果没走出银行，一下子被抓个正着。

在肖作新倒台的背后，阜阳也流传着各种各样的故事。当年与肖作新一同出国考察的另外三人被公认为是王怀忠的人，一种说法是王怀忠用了"苦肉计"，将自己的好友"双规"，而他们马上供出肖作新接受外商美元以及观看色情表演的事实。安徽省纪委从1994年肖作新看艳舞表演的一张发票着手调查肖作新。2001年10月，安徽省高级人民法院作出终审判决，判处肖作新无期徒刑，其妻子周继美被判处死刑，缓期两年执行。但王怀忠没料到，这一下却捅出个大窟窿，最终连他自己也栽了进去。

试想，当年曾主政阜阳市的市委书记和市长，最终的结局是：一个被依法判处死刑，并被执行死刑；一个被依法判处无期徒刑。这样的两个领导人，主政期间会给阜阳留下什么呢？俗话讲，"上梁不正下梁歪"，有王怀忠和肖作新这样的市委书记、市长，阜阳的政治生态和社会风气可想而知。被人指出王怀忠"至少坑了一代人"也就不足为怪。

受王怀忠的影响，阜阳的一些基层干部形成了一种思维定式：要想当官就要花钱，当上官就要搞更多的钱，有了更多的钱就要当更大的官。而且有些领导就学习王怀忠的习惯，觉得不"贪污受贿，买官卖官"，就不算"能办事"的官。有这样一个传说，某乡长向夫人索要家中的3万元存款，准备为升官铺路跑关系，妻子开始说什么也不给，可经乡长反复做工作，还是拿走了这3万元存款，又贷款1万元，终于实现了自己的目标，谋得镇长职务。过了半年，新镇长拎包回家，还"家债"3万元，外加2万元利息，并嘲笑妻子头发长见识短。

有王怀忠作榜样，阜阳的少数领导干部积累了一套"致富"经验——无病住院。当这些领导干部一住院，下级干部自然会轮流到医院看望，去时谁也不会空手去。这样一来，住院的领导干部每次的"纯收入"颇为丰厚，少则5万元，多则10余万元。

浮夸风在部分基层领导干部身上，也是愈演愈烈。他们争相在当政期间搞一些"形象工程"，作为升迁的本钱。久而久之，形成了"谁不造假谁吃亏"的局面。而继任者面对接手的烂摊子有苦难言，索性也变着花样搞政绩，结果债台越筑越高。

王怀忠一案的教训是深刻的。王怀忠在阜阳当政的几年里，对他的各种问题的反映从来没间断过，但奇怪的是，他的仕途反而越走越顺。在公开场合，王怀忠曾得意洋洋地说："告我又怎样？查我一次，我就升一级"！

1999年11月，王怀忠出任安徽省副省长。此前，在安徽省人大常委会会议上，许多人大常委都明确表示，对王怀忠的反映太大，此人不可用，所以对他的两次提名均未通过。但由于说不清的原因，王怀忠终于坐上了副省长的宝座。

当王怀忠被"双规"后，安徽的一位纪检干部说："公众对王怀忠的议论也不是一天两天的事情了，检举材料早就装成麻袋了"。但问题是，"保护层相当严密，揭开不是那么容易"。接连出现肖作新和王怀忠这样两个大案，这位纪检干部显然感受到了某种压力。他说："王怀忠当时是这里的'一把手'，你怎么监督？上级对下级还好办，下级想要监督上级，这不是自己找死吗？另外，你要总是坚持对一个人的看法，上级还会批评你搞不团结。"王怀忠的腐败案件，给人们留下了深深的思考。

王怀忠可谓"大贪"、"大奸",跟着他跑的人本以为"十分保险",其实,再奸猾的贪官也逃脱不了法律的制裁。贪官们及其追随者切不可异想天开,心存侥幸,还是早些悬崖勒马为好。

一人戴桂冠　鸡犬也升天

【案例1】

主要涉案人：李嘉廷——云南省原省长，因受贿罪被判死缓。

案例主题词：纵子犯罪

官场"密经"："有个大官好爸爸，走遍天下都不怕。"

当李嘉廷位高权重时，他的小儿子李勃的有名人生信条被不少高官子弟引为同调："高干子弟哪个不做生意，没个千儿八百万，别的高干子弟也瞧不起你。"为了早日实现自己的人生信条，李勃有身为省长的父亲在背后支撑，他则"在云南商界呼风唤雨"，银行就像自家开的一样，"哪个行业最赚钱，就会携巨额银行贷款'杀'向哪个行业。"李勃单独或伙同父亲敛取的钱财，很快达到了他的人生信条，只不过到头来是"竹篮子打水——一场空。"

李嘉廷共有两个儿子。大儿子李群没有考取大学就参加了工作，而小儿子李勃顺利考入哈尔滨工业大学，且学的又是当时最热门的国际贸易专业。李嘉廷夫妇从此对李勃抱有"很高希望"，并给李勃设计好今后的目标：大学毕业先出国留学，以光宗耀祖，再回国赚钱，成为人上人。但采取何种方式让李勃出国成了李嘉廷的一块心病。此时的李嘉廷已是常务副省长，离省长的位置只有一步之遥，他不想因为孩子的事情，误了自己的前程。

正当李嘉廷为李勃出国留学的事一筹莫展之际，1995年春节期间曾到家中送过厚礼的香港焕德有限公司董事长杨荣再次登门拜访。杨荣与朋友合伙做出口云南卷烟生意，从国家有关部门搞到13000大箱出口指标，却因货源紧俏，提不到货，专程来找李嘉廷帮助打通关节，协调关系。春节期间李嘉廷内心就选中让杨荣帮助李勃实现出国理想，因而表现出热情的态度和爽快的作风，当下就给有关部门负责人打电话，要求对杨荣出口卷烟一事，在供货时间上尽快抓紧，在品种搭配上给予关照。分管烟草工作的常务副省长电话一打，下面办事的部门人人听话，加班加点，层层落实，并在品种搭配上给予关照。据杨荣供述，他与朋友拿到的卷烟，大部分都是特别畅销的"红塔山"和"阿诗玛"等甲级烟，仅搭配差价一项就多赚了700多万元。这笔生意做成后，杨荣赚钱高达1300多万元。

亲身体验了李嘉廷一个电话的作用如此之大，杨荣在目瞪口呆之余，心存感激，正琢磨着要为李嘉廷做点什么事，以表示谢意。李嘉廷也似乎看穿了杨荣的心思，主动把杨荣约到家里，提出想让李勃出国留学的事。"我来想办法，先给李勃办个香港定居的单程证，有了香港身份以后，再出国留学就方便多了。"顺着李嘉廷的话题，杨荣把李勃留学一事接到手，并且向李嘉廷建议，先让李勃到香港定居，然后再办去美国留学。杨荣的精明令李嘉廷格外满意，特意将远在哈尔滨的李勃的电话告诉杨荣。

为了办妥李勃出国留学事宜，杨荣费尽心机，先是托人并花了3000元钱，在老家广东省电白县为李勃买了一个假户口，又将其户口从电白县转到茂名市，并替李勃改名李博。然后再通过茂名的一位市领导跟公安局打招呼，以赞助该局治安基金50万元人民币的名义，换取到一个赴港定居的指标。接着，杨荣又把李勃的身份变成自己的小舅子，还从香港弄来自己岳母刘某的材料，以刘某之子到香港照顾母亲为名，向茂名市公安局递交了李勃赴港定居的申请。

杨荣是个有心人，他要让李嘉廷知道自己帮李勃办赴港单程证是花了钱的，因而特意把正在哈尔滨工业大学上学的李勃叫到茂名，把答应给公安局的50万元治安基金交给李勃，让李勃去市公安局交钱。1995年5月，李勃拿到了赴港单程证，杨荣又陪其到香港，办理有关手续，并让李勃把情况告诉父亲李嘉廷。由于此时李勃大学尚未毕业，因而领取了临时身份证后，又继续返回哈尔滨上学。

1995年7月，李勃大学毕业，被分配到黑龙江省一家国际贸易公司工作，可李勃没有在公司上过班，就准备移居香港。8月份李勃一到香港，杨荣立马送上20万元港币"生活费"，紧接着又到银行为其存款80万元港币，为其出国创造资金方面的条件。李勃正式定居香港后不久，急着去办赴美国留学的手续，但因其在港定居的时间太短，被拒绝签证。

梦寐以求的出国梦受阻后，李勃在香港无所事事，便想回深圳炒股票，杨荣又送给他人民币50万元做本金，还为他安排了一套住房，并送了一辆奔驰320型轿车供他使用。待到了1995年底，李勃返回昆明家里，恰好遇到昆明俊发房地产股份有限公司董事长李俊父子来找李嘉廷办事，李勃无意中说出赴美留学受阻的事，正找机会巴结李嘉廷的李俊马上提议："让李勃做翻译，与我的家人一起到美国去购买机器，顺便了解一下留学的事。"李嘉廷欣然采纳李俊的提议。

踏上向往已久的美国土地，李勃耳濡目染了金钱的魅力，也尝到了一掷千金的快感。李俊想通过李勃讨好李嘉廷，一路上对李勃十分关照，不仅不让他花一分钱，还送给他5000美元零花钱，陪着他游览了许多城市，考察了多所大学。在美国玩了一个月后，李勃突然厌倦了美国，觉得出国远离了父母很孤独，倒不如回国去，利用父亲的权势做大生意赚大钱。

得知李勃从美国回来的消息，杨荣给李勃打电话说："我跟你父亲去说说，你跟着我做生意算了。"李勃回答说："最好由你向我父亲直接提出。"1996年初，杨荣当面向李嘉廷提出让李勃跟他做生意。李嘉廷听后动情而关切地对杨荣说："我过去忙于工作，对李勃关心不够，影响了他的全面发展。他现在刚参加工作，没有什么能力和本事，跟着你在香港和广东学做生意，但不能带他到云南做生意。你到云南做生意，不论有什么事，都可以直接找我联系，我都会帮你解决问题。但你要把所获的利润分一些给李勃，并照顾好他的生活。"对李嘉廷提出的要求，杨荣连声称诺。等杨荣走后，李嘉廷再三叮咛李勃："杨荣的生意主要在云南，我会给他关照。你与他合作，跟他分钱就行了，云南的事你不要抛头露面。"

虽然李勃在大学里学的是国际贸易专业，但自知不是经商的料，与杨荣合作起来干不了什么实际事，何况李勃明白杨荣主动提出来合作做生意，主要意图在于利用他父亲的权力赚钱。李勃跟了杨荣一年多，除去与父亲李嘉廷联系杨荣想办的事外，整天就是游山玩水、吃吃喝喝。而李嘉廷本来就特别钟爱李勃，待李勃跟随杨荣下海后，李嘉廷对李勃更是钟爱到百依百顺的地步。李勃要他给杨荣批烟，他就给杨荣批烟；李勃要他给李俊批地，他就给李俊批地；李勃要他什么时候与杨荣、李俊见面，他就会及时与他们见面。李勃在这上面也有独到的"聪明"，每一次让父亲为杨荣、李俊打一个电话、作一个批示"值多少钱"，李勃会如数家珍，准确丈量。从而每次不费吹灰之力，就有相当可观的"好处费"落入李勃腰包。

1996年，李嘉廷通过协调关系，为杨荣落实了1万大箱出口卷烟的计划指标和品种搭配问题，使杨荣获利1000多万元。因其与李嘉廷有约在先，再加上李勃多次催促，杨荣于1997年1月送给李勃500万元港币。

帮助杨荣赚了钱，李勃又去帮助李俊，并给李俊出主意："我想在云南做生意，但不便公开出面。你找好项目，出资金，我通过父亲给你协调关系，我们一起做些事。"双方一拍即合，李俊马上付诸行动。经四处寻找，李俊于1997年下半年了解到螺蛳湾市场改造项目有大钱可赚，只是竞争激烈，已有多家企业参与投标。李俊把了解到的情况告诉李勃，李勃通过李嘉廷打招呼，使李俊父子在众多的竞争者中"脱颖而出"，一举中标。该项目完工后，李俊父子赚了1500多万元。1998年初，李俊送给李勃500万元。

在李嘉廷的钟爱和放纵之下，李勃对金钱的欲望进一步膨胀，居然发展到明目张胆公然索贿的疯狂程度。同时，李勃骄横跋扈，目中无人，狂妄自大，动辄开口训人。在许多场合，见人必讲我爸如何拥有重权，做事定谈我家领导怎么仗义，以示显耀。

李勃从李嘉廷口中得知，杨荣为其办理赴香港定居单程证之前，曾通过父亲帮助协调过一笔出口卷烟生意，赚了1300多万元，就认为"杨荣太黑，给的太少。"虽然李嘉廷曾叮嘱过他："不要与杨荣争，再争小心争出问题来。"但他还是要争一争。1997年5月，李勃以炒股票为名，张口向杨荣要钱，杨荣从妹夫处转款170万人民币给李勃，暂时摆平此事。过了一段时间，李勃又要杨荣出钱，说是与他一起炒股票。杨荣瞒着妻子，东拼西凑了500万元人民币，汇到李勃指定的账户。事隔不久，杨荣的妻子发觉此事，逼着杨荣找李勃追要此笔款。李勃却以炒股票亏损为由，截留了其中的150万元人民币。

螺蛳湾市场改造项目搞成功后，尽管李俊送给了李勃500万元，李勃还嫌不够，又以炒股票为名，向李俊借款450万元。1998年下半年，李勃从李俊口中得知官渡区要开发世博园配套项目园林住宅小区工程，但700亩用地指标省里没批，就急忙找到父亲，说明这是一次不可错失的"商机"。李嘉廷让李勃把李俊父子叫到家中商谈，授意李俊父子把用地报告层层上报至省政府，经李嘉廷批示，用地指标很快落实。办理用地手续时，李俊父子嫌地价高，让李勃找李嘉廷协调，"压一压地价"。李嘉廷对李勃言听计从，指示有关部门一开协调会，地价自然降了下来。

完成了自己的"任务"，李勃并不过问项目如何开发，他所关心的是能赚多少钱。他跑到李俊的办公室，告诉李俊："批地的事，我家领导是冒着风险的，我要占50%的股份。"李俊向李勃解释说："开发房地产我要垫许多钱，还要找人合作才行，我正在筹钱，真的不行。"李勃怒目圆睁，大声吼道："你不要跟我算账，我还真的想跟你算一算。你不担心这块地连450万都赚不到吧？""肯定不止赚450万，反正你说了算，那就算你先从这块地上拿走450万吧！"李俊不敢得罪李勃，只有这么说，就这样，李勃轻而易举地"获利"450万元。

自随同杨荣下海，李勃长时间住在深圳，回家的次数有限。李勃每次和父母团聚，开口必定谈钱。他每次离家远行，父母送给他的礼物也是钱。据悉，1996年至1998年的三年间，李嘉廷夫妻共给过李勃300多万元人民币，20万元港币，15万美元。再加上李勃利用父亲的职权收受杨荣的贿赂420万元人民币、640万港币和收受李俊的贿赂950万元人民币，李勃手里掌握着钱财高达2400多万元人民币。李嘉廷夫妻通过各种渠道获取的"收入"都集中到李勃手里。如此之多的"家庭财产"掌管在李勃的手中，李嘉廷夫妻开始顾虑，"怕他乱花和用于炒股。"为了限制李勃，1998年下半年的一天晚上，李嘉廷在家里召集王骁、李勃开了一次家庭会议，讨论如何把这些钱安全存放到香港。期间，李嘉廷夫妻与李勃发生争执，核心就是究竟以谁的名字到银行存钱。争执了一番，家庭内部相互妥协，李嘉廷安排妻子王骁专程跟李勃到香港，以母子俩的名义开设联名账户，存放"家庭财产"。事先妥协的李勃不愿意让父母控制自己的财源，捆住自己的手脚，便在开设联名账号时耍了个花招，选择了没有制约作用的种类，蒙骗父母。另外，李勃把杨荣和李俊所送的贿赂多数用于炒股，仅将少部分贿赂及父母送给的现金存入联名账户。

瞒着父母把上千万元的资金先后投入到股市，李勃却没有驾驭能力，只好以高薪请来大学时的同学当操盘手，自己做"甩手老板"。后因股市下跌，造成巨额损失近1000万元。再加上手里的钱来得太容易，李勃糟蹋起来毫不心疼，挥霍掉了一部分。可李嘉廷夫妻直到案发仍蒙在鼓里，认为李勃是一个"乖孩子"。李勃在案发后经深刻反省，才认识到自己过去对父母一再蒙骗，总是想着赚钱，依靠父母捞钱，不择手段要钱，大手大脚花钱，结果既害了父母，也害了自己，是一个没有良心的儿子。

父母的放纵扩大了李勃的贪欲，李勃的贪婪扩大了父亲的问题，最终走上了自我毁灭之路。而被李勃毁灭的，又不仅仅是他本人，还有他的父亲，他的家庭。2003年9月5日，昆明市中级人民法院对李勃受贿案做出了一审判决：李勃伙同其父李嘉廷，共同收受香港焕德有限公司董事长杨荣贿赂款港币560万元，收受云南俊发房地产股份有限公司董事长李俊贿赂款人民币950万元，共计折合人民币1550万元，判处有期徒刑15年。

李嘉廷受贿案告诉人们，作为领导干部，不管职务有多高，立足点必须站在为广大人民群众谋利益上。李嘉廷却反其道而行之，充当了极少数非法受益人的后台，然后他从中谋取私利。对于李嘉廷的行径，人民群众是不会答应的，他也注定被人民群众唾弃。

【案例2】

> 主要涉案人：慕绥新
> 案例主题词：为社会黑恶势力和不法之徒提供方便
> 官场"密经"："不能谁的钱都要，'财神'也要少而精，一要'能干'，二要'可靠'。"

大权在握时的慕绥新，身边围绕着交往甚密的个体企业老板，虽说人数不算多，但堪称是少而精。慕绥新不是任何一个大款的钱都收，要收他就选择那些确实能干事的，主观上收钱不是目的，他更看重自己的政绩。民营企业在现时经济中占有不可忽视的地位，要切实加快发展经济，必须支持民营经济，支持民营经济与创造自己的政绩相辅相成。基于这一点，慕绥新对能干事的个体老板从来都是热情支持，不讲代价。

通过不讲代价的热情支持能干事的个体老板，慕绥新无形中收到了一种欲取之必先予之的效果。能干事的个体老板也是最能赚钱的，赚钱后他们给慕绥新的回报也是十分丰富的，而且从来不用慕绥新张口索要。这也是慕绥新盼望的良性循环。专案组做过一项统计，在向慕绥新行贿的人员名单中，个体老板人数不足20%，金额却高达60%。

民营企业高明集团董事长刘宝印，是与慕绥新交往时间最长、关系最好的个体老板。刘宝印出身很苦，当过兵，靠修理汽车、倒卖走私汽车进入大款行列。慕绥新起先并不知道他是干什么的，周围的许多干部向慕绥新介绍说刘宝印不错，好话听多了，找个机会就认识了他。刘宝印其貌不扬，但给慕绥新的印象是老实厚道。刘宝印对慕绥新也是忠心耿耿,如送慕绥新去鞍山看平某某,前后好几年,刘宝印既不打听,也没有见过平某某是什么样子,直至慕绥新与平某某结婚时,他才一睹市长夫人靓丽的风采。慕绥新对他稍加关照,他便感激涕零,出手特别大方。他从国外给慕绥新买来名牌西装、衬衫、领带、裤带和皮鞋,慕市长穿着满身名牌在电视中亮相时,他便眉飞色舞地向人们炫耀,这全是我给买的。而且开始从头到脚报价,都是价格不菲的名牌,几千几万地从嘴里往外蹦。这么一炫耀,刘宝印充分感受了人们羡慕的眼光,却给慕绥新带来十分不好的影响,只是慕绥新不知道。在慕绥新面前刘宝印非常懂规矩,处处小心。

在商海里摸爬滚打积累起财富的刘宝印,看上去老实厚道,心中却明镜似水,他不乏与官员打交道的经验,也能搭上一些关系,但总觉得人家是看上了他手中的钱,感情上有些别扭。只有慕绥新(他总是当面叫慕叔)是真心看得起他,不把他当外人,交的是人,看重的不是钱。至于说钱他也送钱,只是他看出来慕绥新对送多送少并不在乎,帮他办事是出于一种人情。刘宝印文化程度不高,投入产出比例还是懂一些,算起来他不过给慕绥新送了24万元,可慕市长给他办的事可是太多了,太重大了,让他牢牢记在心里。

有慕绥新的关照,刘宝印感觉发财更加顺当。倒卖走私汽车被扣了,慕绥新一出面,全部放行;手里的走私汽车销不出去,慕绥新让市政府接待办买了6辆奔驰和2辆丰田;承揽到了工程项目,慕绥新大笔一挥批示,减免税费400万元。更让刘宝印感动的是,有一次他在歌厅打架,慕绥新看到他脸上的伤痕,说打个报告上来。刘宝印是省政协委员,这个报告就由政协打了上来,慕市长批道:"沈阳市公安局,为了保证投资环境安定,建设好一支保卫环境的队伍,要认真查处这件事。"歌厅老板得知消息后吓跑了,隔了一段时间回来仍然没有逃脱被拘留的结局。

刘宝印曾前后几年开车送慕绥新去约会平某某,应该是慕绥新与平某某婚姻的有功之臣，可平某某很不喜欢刘宝印，认为他形象委琐，档次太低，今后不想再见到了。因而刘宝印再也无法面对面见到慕绥新了，打电话吧，市长夫人接自然没戏，秘书接也说不在，刘宝印干着急没办法，他实在不想失去与慕绥新的联系。等听说慕绥新得了重病住进北京某大医院，刘宝印带上妻子小袁去探视，并提着一书包钱。到医院一敲病房的门，开门的平某某见是刘宝印，坚决不让进。

换成别人遇到这种场面或许就走了，刘宝印则非要见到病中的慕绥新不可，带着妻子在楼道里蹲守了一天，未能如愿。第二天继续去，妻子小袁说我去试试。敲开门后，平某某见是一个漂亮的少妇，从心里特别喜欢，一把拉了进去。慕绥新见到小袁高兴地说，这不是宝印爱人吗？因为喜欢小袁，平某某准许刘宝印进入病房。刘宝印见到久违的慕绥新唏嘘不已，慕绥新也很感动。临走时，刘宝印放下里面装满钱的书包，抖抖地拿出一张纸，求市长在上面签个字。对刘宝印的请求，慕绥新不会拒绝的。

丈夫之间的交往影响着妻子们，从那时起平某某与小袁成为好朋友，经常通电话，谈论电视广告上哪儿的化妆品好，达成了一致意见，便一同去买，一般都是乘坐飞机去香港或北京。有权人和有钱人的妻子生活质量就是高，买化妆品都是乘坐飞机往来。

大连的民营企业老板杨某与慕绥新的交情也很深，慕绥新的新婚仪式就是由他在大连秘密筹办的。慕绥新被查处后，杨某向办案人员交待总共给慕绥新送钱85万元。交待问题时杨某心情很沉重，他不愿意看到慕绥新会有这样一个下场，他们曾经合作得很愉快。他在经商中体会到，有的官员就是受贿850万也不见得能合作愉快。

杨某经商是从卖服装开始的，又搞长途贩运，由于种种原因，全部赔光了。但他抓住了一个搞房地产的机会，贷款一千万搞起来，而且一举成功，并由此成为青年企业家，成为"十佳"什么的，名气一下大起来，派头也就随之而来。有一次杨某要去参加一个会议，送行的开着小轿车组成一个车队为他送行。到了码头杨某下车，不是道别和感谢,而是全部骂跑。轮船上的会议代表们把这一幕看得清清楚楚,以为杨某上了船还不知道会摆什么派头。不料杨某上了船,立刻脱下名牌大衣,卷巴卷巴当拖把,为全体代表擦起地板来。时任辽宁省副省长的慕绥新也在船上,看到了杨某所做的一切,慕绥新欣赏这样的人。吃饭坐在了一起,慕绥新向杨某发出邀请,欢迎他到沈阳投资搞项目。

转眼到了1997年底,慕绥新调任沈阳代市长后,杨某果然来找慕绥新,说要在沈阳投资建设一家高尔夫俱乐部。慕绥新当即表态支持,接下来是一路绿灯。建成了高尔夫俱乐部,杨某又提出建一个森林动物园,这很符合慕绥新的城市建设思路,不但给予支持,而且列为重点工程支持,资金不足时批了3000万元贷款,从而让杨某干得心满意足。作为感谢和回报,杨某为慕绥新的母亲在大连装修房子买家具,之后接连为慕绥新本人出国送费用,为上中央党校送零花钱,为住院送营养费。

从民营企业老板与慕绥新的交往中不难看出,慕绥新是非常慷慨大度的,他的慷慨让老板们的财富积累锦上添花。但有一条不应该回避,慕绥新是人民政府市长,他的慷慨要建立在维护人民利益之上,而决不能让人民利益受损失,可他偏偏让人民利益受到损失。就拿土地批租来说,后来上任的沈阳市市长陈政高曾不无沉痛地为慕绥新、马向东(原常务副市长,以受贿、贪污、挪用公款和巨额财产来源不明罪,被判处死刑)当年的"政绩"算过一笔账:沈阳在过去的几年中总共批租出去的土地有3300万平方米,其中1800万平方米是无偿划拨,1500万平方米是有偿转让,收到的转让金是多少呢?7000万元。这个数字如果与大连相比差距太大了,大连同期转让的土地要比沈阳少,可大连得到的转让金是17亿元。7000万元和17亿元相比,这中间有多少引诱在挑逗着当权者的贪欲?难怪杨某说与慕绥新合作得很愉快。

仰仗慕绥新发达的不仅有能干事的民营企业老板,一些下级们更渴望慕市长的赏识和重用。对那些忠心耿耿拥戴自己且又能干事的下级，慕绥新同样格外加以关照。他太需要下级们听从指挥，他认为只有这样沈阳这盘棋才能走活。

沈阳客运集团公司总经理夏任凡，20世纪80年代初担任电车公司经理，因大搞改革名噪一时，被评为"全国十大青年改革家"。夏任凡外号叫"夏大胆"，特别敢干。按说夏任凡的为人应该很符合慕绥新的性格，但不知是什么原因，一开始慕绥新愣是不喜欢夏任凡。名声在外的夏任凡权力欲望也在极度膨胀，客运集团公司老总的位子已不能满足他的"胃口"，只是慕市长的态度让他很是着急。好在夏任凡头脑灵活，他决定给慕绥新来点"新鲜"的，改变慕绥新对他的看法。当夏任凡得知慕绥新要出访某国，便先期派人赶到那个国家，重金聘用一女电影明星，届时到机场给刚下飞机的慕市长献花。美女献花的场面让慕绥新的虚荣心得到极大的满足。过后一想，慕绥新觉得有点不对劲，询问是谁搞的名堂，下属回答是夏任凡。这下慕绥新对夏任凡的看法大为改变，回国后到客运集团公司视察，夏任凡铺上红地毯予以迎接。如此隆重的接待，慕绥新在沈阳也是很少遇到的。

趁着慕绥新对自己的看法有所改变，夏任凡决定用钱铺路，进一步打动慕绥新。但第一次送钱时，夏任凡的心情是忐忑不安的，与慕市长直接的私人交往还是第一次，如果遭到慕市长拒绝，就等于是对自己的政治生命的否定和枪毙！夏任凡敲门进屋后，慕绥新正在家中，夏任凡的开场白是听说大嫂要出国，表示表示，接着掏出1万美元放在桌子上。当时夏任凡的心情极为紧张，好在担心的场面没有出现，慕绥新向他微笑一下，伸手把钱收起来。夏任凡顿时感到，关系到位了，慕市长会支持自己的，提拔有望。

果然，慕绥新提出让夏任凡担任沈阳市交通局局长，但市委常委会没有通过。这样的结果让慕绥新颇为恼火，从此再提任何人当交通局长，慕绥新一律坚决否决，致使市交通局三年没配上局长。没能如愿让夏任凡当上市交通局长，慕绥新便另辟蹊径，以夏任凡能干、是个人才、改革的需要等堂而皇之的理由，提议把客运集团公司从交通局里划出来，升格为市政府直管企业，从而为夏任凡解决了级别问题，原属市交通局管辖的客运集团公司总经理夏任凡，一跃与市交通局长平起平坐了。夏任凡自会感谢慕市长的苦心提携，同时也成为慕市长可以任意移动的一个可靠的棋子。

最后，夏任凡的结局就与苦心提携他的慕绥新一样。2003年2月10日，夏任凡被沈阳市中级人民法院以贪污罪、受贿罪、挪用公款罪、行贿罪数罪并罚，一审判处死刑，剥夺政治权利终身，并处没收个人全部财产。

嘉阳集团董事长刘涌于2000年7月被公安机关抓获，在沈阳市也是一件引起很大轰动的事情。刘涌是沈阳市黑社会犯罪集团的头目，为非作歹，巧取豪夺，却因为少数政府官员和司法干部的庇护和赏识，长期逍遥法外，最后竟成为拥有资产总额超过7亿元的嘉阳集团董事长，并且挂上了沈阳市人大代表等头衔，这是一个典型的党内腐败势力与社会黑恶势力相互勾结的实例。尽管从掌握的材料来看，刘涌等黑恶势力与市长慕绥新没有直接和重大的政治经济关系，但慕绥新的案子却是首先从刘涌这里突破的。两人本来谁也牵扯不上谁，但周伟把他们联系在一起。

当时中纪委虽然在举报材料中知道周伟是通过向慕绥新行贿得到了沈阳市烟草专卖局局长的职务，但怎么取得证据呢？当时尚未对慕绥新采取任何组织措施。恰好在这个时候，刘涌交待出一个问题，他曾经通过个体烟贩赵某向周伟行贿过10万元。专案组据此对周伟采取了"双规"措施，周伟很快交待清楚花20万元向慕绥新买官的事实，虽然周伟是把这20万元交给了慕绥新前妻贾桂娥的妹妹，可正是这20万元牵出了慕绥新，使慕绥新难逃党纪国法的制裁。

　　提拔任用干部本来有严格的程序和正常的渠道，可在慕绥新和曲意迎合他的人看来，严格的程序和正常的渠道不过是一种"装饰"，他们更热衷于走捷径，使用"秘密武器"。这就是送钱和收钱，行贿和受贿。只是这些个靠走捷径和使用秘密武器爬上来的人，难以逃脱被正直的人们所唾弃的结局。

【案例3】

主要涉案人：欧阳德——广东省人大常委会原副主任，以受贿罪（一审）被判处有期徒刑15年。

案例主题词：违规为子女亲属经商铺路

官场"密经"："家里有大官，赚钱像变戏法一样容易，干坏事也像做好事一样'神气'。"

临近离休时大肆受贿的一个原因，是欧阳德担心离休后无权无势，不抓紧时机大捞一把就没有机会了。基于同样的考虑，欧阳德还迫不及待地设法创造机会，为子女亲属经商、从政铺平道路，以便他离开政坛之后，欧阳家族能照样有权有势。

当年欧阳德任东莞县书记时，他坚持不给办"农转非"的5个子女，已经有2男2女和大儿媳、孙子和外孙女等8人定居香港。他们基本上是顶着欧阳德这棵"大树"的浓荫，利用他的权势和关系办理去港的，有的还要靠欧阳德亲自出面。欧阳德曾采取弄虚作假的手段，占用别人的指标，将一个女儿化名送到香港定居。而当时一张赴香港定居的单程证，在东莞黑市上的价码是50万至100万元人民币。欧阳德处心积虑地安排子女去香港定居，并不是因为香港的生活比他们在东莞的生活质量更高，也不是因为香港更能为他们提供发展的空间，事实上他们也没有在香港闯天下，他们不想也根本不需要在香港的商海中真正地搏杀，而是摇身一变，托名"港商"仍旧回到东莞，在欧阳德的"绿荫"下顺顺当当、舒舒服服地大赚特赚。利用港商的身份和欧阳德的权力结合"名正言顺"赚钱，这才是他们赴香港定居的主要目的。

欧阳德的大儿子在去香港前曾担任东莞市万江区的区长。1992年他拉来了一个港商，在万江区与区政府合作开发住宅小区滨江花园。这个小区总占地面积为290亩，首期开发为80亩。双方协议的合作方式是港商出钱，区政府出地，双方各占50%股份。签订协议后，港商仅仅在香港投入了一些开办费、广告费等，而滨江花园的建设开发却分文未投。欧阳区长便以区政府的名义担保贷款5000万元，用于滨江花园商住楼的建设，并且还请欧阳书记为小区题了词。当小区建设启动之后，欧阳区长在欧阳书记的安排下通过非常渠道成为香港居民。

两个月后，当欧阳德的大儿子重返东莞，欧阳区长已变成了要在东莞做生意求发展的港商欧阳先生。欧阳先生的到来自然受到了有关方面的欢迎和关照，而滨江花园则成为他与万江区政府合作的项目。区政府将原协议中的真正的港商所拥有的50%股份转让给欧阳先生，所投入的5000万元贷款仍由区政府担保。这样一来，欧阳区长在变成欧阳先生以后真的成了一个能调度5000万元资金的"富翁"。如果说这5000万元怎么说也是贷款，还不属于欧阳先生的话，那么欧阳先生既是来做"生意"的，有了本钱就自然能坐利。滨江花园住宅小区一期工程基建商品房9.5万平方米，售价在2.2亿元左右，欧阳先生从中可以赚取几千万元，这可就真正地是欧阳先生的财富了。

来东莞求发展的欧阳先生胃口大得很，一边与万江区政府合作"开发"住宅小区，一边又与万江区政府"合作"开办了一家夜总会，他一人占有70%的股份。这家夜总会的规格较高，需要投入大量的资金，对此欧阳先生自有办法，就从那由区政府担保的5000万元贷款中支付。为了更快更多地赚钱，欧阳先生还在夜总会的"理疗中心"开办了东莞市第一家提供异性按摩的场所，雇用"三陪"小姐，以色情服务招徕顾客。本来欧阳德在广东抓"三陪"问题不但最早而且得力，现在为了儿子赚钱不但不予以制止，反而大力支持。夜总会开业时，欧阳德亲自请名人捧场，亲自题名、剪彩。此例一开，使得东莞市的异性按摩场所越开越多，越开越豪华，色情服务在东莞似乎很有点已经"名正言顺"的味道了。开业之后，欧阳德还几次亲临欧阳先生的夜总会，接受异性按摩。一次来夜总会时，欧阳德发现一个加油站遮住了欧阳先生的夜总会的门脸，竟然建议有关部门把这个加油站拆掉，只是被市长据理顶住才未能如愿。

二儿子欧阳勇走的是与他哥哥差不多相同的路。他也是先去香港定居，再以港商的身份回东莞来发财。欧阳勇在无技术无设备无人员的情况下，利用欧阳德的权势，借用了一个工程队的牌子，就把本已确定由正规施工单位承包的凤岗海关的2000万元推土工程硬抢到手，然后再与一个体户合作，靠在公路上拦截过往的空载翻斗车运土，每车付给30元运费。这项工程做下来，欧阳勇轻轻松松地赚到手700多万元。

与欧阳德的两个儿子不一样，欧阳德的二女婿陈柱豪另有生财之道。陈柱豪原是东莞市政府车队的司机，因与欧阳德的二女儿结婚便平步青云，先是调到公安局当了公安干警，后来又被提拔为车管科副科长，独揽汽车牌照的发放大权。这位市委书记的乘龙快婿身为执法人员，却连起码的法律知识都不懂，几次法律知识考试都是靠抄别人的答案来蒙混过关。但他很懂得如何利用手中的权力来谋取私利，而且胆子大得很。他抓住一些人迷信所谓"吉祥号"的心理，于1992年至1994年间，在为香港颂廉集团有限公司属下的国内企业办理小轿车入户发牌手续时，给了其中5辆车以末尾号码为"8"或连续三个"8"的车牌，作为回报的则是27.5万元港币。1992年10月，陈柱豪在为香港驻虎门的一家公司办理小轿车入户发牌手续时，又以末尾三个"8"相连的"吉祥号"换取了1万元港币。身为国家公务人员的陈柱豪还炒卖地皮，并获取非法收入150多万元。最令人哭笑不得的是，当陈柱豪花30万元买了定居香港的单程证后，已属香港居民了，却仍在东莞继续担任车管科的副科长，上演了一幕"港商兼公安科长"的丑剧。他这样做，无非是舍不得丢掉这个"肥缺"，何况有欧阳德的护佑谁又能把他怎么样呢？尽管当欧阳德还在台上时，陈柱豪已经是名声很大的"车霸"，但他受法律的制裁却是欧阳德垮台以后的事。若是欧阳德这棵"大树"不倒，陈柱豪还不知要胡作非为到几时。

除开子女以外，欧阳德对其他亲属和身边的工作人员也很"关照"，他的一些亲属和曾在他身边工作过的人，纷纷当上了大小不一的各级领导。这些人当中，也有确有才干的，可是一些被群众视为草包的人也得到了重用，这足以说明欧阳德不是"内举不避亲"荐贤选能，而是在有意地培植亲信势力，加固关系网。于是乎，东莞的百姓就有了这样的说法："欧阳家族赚钱像变戏法一样容易，干坏事也像做好事一样'神气'"。

子女的暴富，亲朋的升迁，是欧阳德以权谋私的一个有力的佐证。欧阳德可以认定的受贿金额是53万余元，但他的子女依仗他的权势和影响所获取的却是53万元的许多倍，而且欧阳德利用手中的权力肆无忌惮地为子女、亲朋谋取私利对党的形象和威信的损坏，更是无法用钱来衡量的。

【案例4】

主要涉案人：程维高——河北省原省委书记兼人大常委会主任，因严重违纪被开除党籍，撤消正省级职级待遇。

案例主题词：放任配偶、子女利用其职权影响进行违纪甚至违法犯罪活动

官场"密经"："在位编好关系网，子孙后代都受益。"

既然程维高能袒护两任秘书任其违法，那么放任配偶、子女进行违纪甚至违法犯罪活动也就不足为怪了。从知情人介绍的一件事中，就能看出程维高子女敛财是相当厉害的。当年省里准备在北京筹建河北大厦，程维高之子程慕阳了解到这个情况，找到河北省政府驻京办事处主任王福友（河北省政府原副秘书长、省驻京办事处原主任，后因贪污罪、受贿罪、挪用公款罪数罪并罚，被判处无期徒刑），介绍了一块用地，被相中后应挣一笔中介费，因嫌中介费少，就以转让土地为名，巧取豪夺了400多万元。这当中，李真（程维高的秘书）自会出力不少，多次给省驻京办事处打电话催办。程维高也曾打电话催办。

保龙仓项目更是程维高、程慕阳父子联手的一个杰作。1997年初，石家庄保龙仓地产开发有限公司拟在石家庄搞超市项目，在前期工作基本做完的情况下，却因缺少后续资金无法再往下搞。为获得后续资金，保龙仓公司杨老板四处奔波，后经一个朋友传递给程维高一封介绍情况的信，看信后程维高认为这个项目很好，当时就把儿子推荐给了杨老板，让他们合作开发。程慕阳与杨老板商定，由程慕阳通过程维高帮

助批项目、拉贷款，程慕阳以自己北京的两家公司和南京的一家公司折价"入股"，但不投资金，占保龙仓50%的"干股"。

由于有程慕阳直接参与和程维高的大力支持，保龙仓超市项目得以顺利进行，开业后生意出奇得好，当时成为石家庄市商业一道亮丽的风景。1999年"三讲"期间，不少干部群众对程慕阳参与保龙仓问题反映很大，程慕阳于是向杨老板提出退股，理由是怕影响其父程维高的政治前途。因为事先有约定，杨老板只好让程慕阳白白拿走近500万元。而程维高当时对中央和河北干部群众的解释是，保龙仓超市不是儿子投资，儿子只是给老板打工。

据了解，程慕阳在河北有10家公司，除了保龙仓超市项目，还与河北另外一些企业有过类似的"合作"。程氏公司搞"空手道"的绝招，自然是充分利用程维高的身份、影响，在河北省内的企业拉广告。有人做过统计，程家共在河北拉过700多家企业做广告，广告费达2900多万元，其中偷税200多万元。而对这些到手的广告费，只有一小部分为企业做了广告，大部分则被程家自己留下。程慕阳在河北凭借程维高的身份影响，越来越熟练的使用套取、索要、挪用、欺骗等手段，"空手套白狼"为自己赚得约5580万元。

为了给儿子谋利，程维高有时不顾影响，直接插手行政事务，给国家造成巨大经济损失。1995年，程慕阳和保定民营企业河北八达集团董事长王宝银以外资的名义，与石家庄市新华区政府市场管委会成立了石家庄鑫麟房地产有限公司，急需5000万元投资款，便向程维高呈交报告。程维高接到这份报告批示："请财政厅xx同志考察、研究。"据当时的财政厅有关负责人说，按规定财政周转金不应该给民营企业，只能给国有企业，但因为是省委书记批了，也只能这么做。有了程维高的批示，省财政厅只好让保定市财政局办理了借款手续，保定市财政局分两笔拨给八达集团3000万元省财政周转金。资金到手，八达集团很快将这笔钱中的2650万元给了程慕阳。轻而易举，程慕阳通过其父将这笔国家财政款套出，用在开发房地产项目上。1996年3000万元财政周转金到期，王宝银拒不归还。2000年，程慕阳、王宝银先后潜逃加拿大。被司法机关通缉。靠父亲这棵大树的庇护，程慕阳在没有投入一分钱的情况下，用了不到10年时间，为程家创办32家海内外公司，公司资产总值数亿元人民币。

与在外面抛头露面的程慕阳不同，对程维高的妻子，即便是与程维高共事多年的一些老同事也叫不出她的名字，只知道她是"一位姓张的医生。"中纪委处理程维高的通报中指出，这位"张医生"曾经"接受过他人翡翠摆件等一批贵重物品。"实际上，"张医生"的作为远不止于此。据知情人透露的一件事，足可以体量出"张医生"的威力。修建河北会堂的时候，"张医生"曾亲自出面介绍工程队，想承包会堂的内部装修和音响，负责这项工程的一位副处长可能真不知道"张医生"是何许人也，拒绝了"张医生"这一要求。结果，这位副处长被"就地免职"。有人说"南京二建"能与程维高接上关系，也是"张医生"从中穿针引线。程维高被开除党籍后，"张医生"也被司法机关立案侦查。

程维高的大女儿程悠兰，是程家第一个走上法庭的。2003年2月11日，程悠兰被河北省公安厅刑事拘留，3月18日被河北省人民检察院批准逮捕，10月16日被河北省张家口市桥东区人民检察院依法提起公诉。2004年1月7日，张家口市桥东区人民法院一审判处程悠兰有期徒刑3年，缓期5年执行，并处罚金708.99万元。

法庭审理时查明，程悠兰在主管北京佳瑞广告公司财务工作期间，违反国家税收征管法规，指使、授意或同意公司的财务人员，采用虚填发票入帐、多列支出或者不列、少列收入的手段，为该公司偷逃税款人民币177万余元，破坏了国家的税收征管制度，扰乱了社会市场经济秩序，已构成偷税罪。鉴于佳瑞公司已注销，被告人程悠兰作为该公司的法定代表人，属本案的直接责任人员，对该公司的犯罪行为应依法承担刑事责任。鉴于被告人程悠兰在审理期间尚能认罪、悔罪，并有积极补交税款的表示，可依法酌情从轻判处，故有了以上的判决。

如果说程维高的妻子儿女仗势敛财的事知情者尚不是很多的话，

那么,"南京二建"的"神话"在河北可是个公开的秘密。

有关部门曾经有过这样一个统计,"南京二建"近10年间在河北共承揽工程项目56个,工程造价15个亿,"南京二建"由此获利1.2亿元。河北省最大的体育场——裕彤国际中心,以及省会石家庄较为著名的建筑:东方购物广场、万方大厦、南三条市场、太和电子城、石家庄市国税局办公大楼,甚至石家庄市政府办公楼主楼,都是由"南京二建"承建的。"南京二建"一时在河北风光无限。业内人士甚至民间都知道,凡是河北尤其是省会石家庄的大型建筑工程,只要是"南京二建"想要,基本上都是非他莫属。而这近10年间,恰恰也是程维高主政河北的10年。对于程维高与"南京二建"的亲密关系,也有传言。

据河北省建筑业协会1994年的一个文件反映,仅1993年到1994年间,"南京二建"在河北违规承包工程的人均建筑安装工作量,是河北省二建的9.5倍,是石家庄一建的29.8倍。文件指出,它直接造成河北国有大型(建筑)企业半停工状态,并称"在河北建筑业乃至社会上引起了强烈反响"。

本来"南京二建"来到河北承揽工程,属于正常的市场竞争,无可厚非。但是,实际上情况并非那么简单。根据"南京二建"河北分公司原经理王建新、朱军昌(因行贿罪均已被判刑)交代,"南京二建"河北分公司在河北承揽工程施工期间,用于回扣、行贿、送礼等的资金高达960多万元。正是用这笔巨款编织了一张庞大的"腐败网",再加上有程维高的关照,在河北铺就了无人匹敌的商界坦途。

用金钱编织了关系网加上程维高的关照,"南京二建"承揽工程时会充分利用这一点巧取豪夺。1997年底,石家庄市国税局准备建一座办公大楼,并与河北省某建筑公司达成了施工意向。"南京二建"也盯住了这个工程,只是由于行动晚了一步没赶上投标。面对这个高层建筑项目"南京二建"岂会善罢甘休,其负责人找到已辞职下海的程维高的原任秘书吴庆五,请吴庆五找程维高的现任秘书李真干预一下此事。1998年4月,吴庆五找到已是河北省国税局局长的李真说了"南京二建"的想法,李真很快直接给石家庄市国税局主要负责人打电话,直截了当要求该局将这项工程交给"南京二建"承建。由于李真的插手,石家庄市国税局只得终止了与河北省某建筑公司的洽谈,重新制定招标方案,最终想方设法将这项工程交给了手眼通天的"南京二建"。中标后一个月,吴庆五根据李真的授意,找到"南京二建"负责人索要了40万元人民币,兑换成5万美金交给李真。

随着河北贪官们的倒台,"南京二建"的"神话"也破灭了。

按语

贪官的贪欲是无止境的:从空间看,上至福云寿月,下至金山银海,他们没有不想贪的;从时间看,他们不仅考虑到自己的青壮年、中老年,甚至考虑到百年之后、考虑到子孙万代。这是极为典型的封建意识、极其腐朽的人生观!然而,这也正是一批又一批贪官前"腐"后继的动力。

猎色经

权贵福自来　美女也投怀

【案例】

主要涉案人：成克杰——全国人大常委会原副委员长，因受贿罪被判处死刑。
案例主题词：沉迷女色
官场"密经"："美女不只认钱，也认权。而官位是占有一切的资本。"

成克杰被指控的主要罪状是收受巨额贿赂，其实，成克杰沉迷女色在广西的领导干部中也是非常有名的。

对漂亮女人有出色的记忆，是成克杰好色的一个特点。据自治区政府一位部门领导回忆，在1998年自治区人大会召开前夕，成克杰和帮他起草政府工作报告的一些工作人员及有关部门领导在南宁饭店吃饭，他点名要饭店漂亮的服务员小姐陪他唱歌。令人称奇的是，那么多漂亮的服务员小姐，成克杰竟能一一叫出名字，但帮他起草政府工作报告的很多工作人员，他却不知姓甚名谁。在广西主政期间，成克杰下基层"巡视工作"，所到之处当地官员都懂得如何安排，选当地歌舞团的漂亮歌手陪成主席在"工作之余"唱卡拉OK，几成定律。成克杰与广西某著名的年轻女歌唱家"搭档"唱《夫妻双双把家还》，是当地人所共知的"保留节目"。成克杰好色的本性还表现在着力包装自己的面孔。他对自己的单眼皮不满意，就任自治区政府主席后不久，年近六旬的成克杰专门去医院做了一次美容手术，把单眼皮割成双眼皮，以吸引红颜知己的欢心。

在广西广泛流传着这么一个小故事：有一次，成克杰到桂北的一个贫困县视察灾情。当时，这个县刚遭遇到百年不遇的洪灾，正迫切需要上级领导和方方面面的关心、支持。成克杰去了之后关注的第一件事不是当地的灾情，而是唱歌跳舞。这个县的领导以为像成克杰这么高级别的领导干部应该不会贪恋女色，因此在卡拉OK之后没有给难得来一次的成主席安排其他节目。岂料，成克杰满肚子不高兴，第二天一早就下令离开了这个县，并吩咐随行的有关部门负责人说，对该县的扶贫、救灾款一分不给。这个县的领导百思不得其解，直到邻县得到扶贫、救灾款，他们从邻县领导的口中得知了成克杰的喜好，这才恍然大悟，后悔不迭。此故事的真伪已无从考证，但成克杰沉迷女色在广西产生恶劣的影响却是不争的事实。

被称为"广西江青"的李平，是使成克杰产生畸形恋并一步步走向毁灭的关键人物。

已持单程证于1992年移居香港的李平，出生在广西南宁城北的一个普通家庭，有八分之一的日本血统，算是沾"外侨身份，"但家族早已衰落，其父母均是南宁市普通市民。李平虽自小吃苦，但天资聪慧，姿色过人。高中一毕业，李平随着当时的上山下乡潮流曾到农村插队，不久被招工回城到广西壮族自治区商业厅当普通工人。家境衰落的李平不甘寂寞，凭借其过人的姿色和手段，赢得了自治区前政府主席儿子的青睐，成为"区政府主席儿媳妇"，由此脱离了社会底层，进入广西贵族行列。家庭背景的变迁使李平有了雄厚的资本，她随后调入自治区外办属下的南宁明园饭店任职。此时的官品虽不高却手眼通天，再加上李平相当会来事，不少地方官员拜倒在其裙下。

进入20世纪90年代，风头正劲的成克杰接任自治区政府主席，由于迎来送往应酬的需要，成克杰经常光顾隶属区外办的南宁明园饭店。在一个迎来送往的机会，成克杰一眼盯上了"面容漂亮，鼻子有点钩，身高胖瘦适中"的李平，而李平也对公公的继任者眉来眼去，两人从一见钟情到狼狈为奸，堪称神速。成克杰与李平发生奸情之后，深知事情总有一天会败露，也担心因为这件桃色丑闻影响自己的政治前程。何况李平的公公是自治区政府前任主席，老干部的能量不可低估，一旦为此事发起难来，后果不堪设想。只是这时的成克杰已深陷这个畸形恋中不能自拔，时常情不自禁地要找李平诉说相思之苦。1992年，李平凭海外关系加情人关照，取得单程证移居香港，成克杰更是盼望李平能时常回来与他团聚。

纸是包不住火的。有关成克杰与李平奸情的绯闻逐渐四下传播出去，而且传到了成克杰夫人孟昭凤的耳朵里，孟昭凤几乎为此气得发疯，几次找自治区党委负责人告状，甚至在李平移居香港前追到李平所在单位大闹，公开骂李平"臭婊子"。对孟昭凤的做法，成克杰自知理亏，不好干涉。当下属向他请示如何处理时，成克杰竟表面泰然地称孟昭凤"更年期"，搪塞此事，下属也就无法再过问。

一看公开闹的方式没有阻断成克杰与李平的往来，孟昭凤实在不情愿看到结婚几十年的家庭被拆散，便换了一种方式，于1993年底找到李平家里，将成克杰与李平的不正当关系告诉了李平的家人，刚从香港回来的李平随即遭到家人的盘问，只是这次盘问在李平委屈的抽泣声中草草收场，什么也没有问出来。瞅个机会，李平打电话把情况简要告诉了成克杰，这是成克杰最担心出现的场面，意识到事态严重，经成克杰安排，两人在成克杰的心腹周宁邦驾驶的汽车上见面，而没有像往次那样安排在宾馆或饭店的房间里。一见面，李平详细诉说了事情的经过，接着情真意切地对成克杰表示，如果家里清楚了两人的事，她就离婚跟成克杰结婚。成克杰也激动地表示要离婚与李平结婚。在此之前，两人已不止一次商议要各自离婚再结婚。开车的周宁邦劝两人要冷静，即使离婚也要选择合适的机会。

听了李平的诉说，成克杰判断出李平的家人只是由于孟昭凤上门告状产生了怀疑，实际上并不清楚他和李平的事，再者周宁邦的话使他清醒了许多，他可不想马上把事情弄得满城风雨，于是又安慰了一番李平，让周先把她送回去。待成克杰下车后，周宁邦给李平出主意：你们现在没有经济基础，不如趁成主席在位，利用成主席的位置和影响，先做些生意多赚些钱，为将来结婚打下基础。周宁邦出完主意，让李平转告给成克杰。当天晚上，李平就把周宁邦出的主意打电话转告给了成克杰，成克杰听后连声说周宁邦的话有些道理。

让成克杰感到庆幸的是，李平遭到家人盘问的事暂时风平浪静。过了一段时间，成克杰和李平聚在一起，再次谈起离婚结婚的事。成克杰颇有感触地对李平说，还是周宁邦说的先赚钱再结婚是对的。此时的成克杰完全被周宁邦说的先赚钱再结婚的建议所打动，并对如何先赚钱有了初步的设想。他随即叮咛李平，去看看有什么生意或者项目可以做，回来告诉他，有什么困难的话他可以帮助解决。李平边听边连连点头称是。至此，成克杰与李平达成了利用成克杰的职权，通过李平找工程项目收取好处费的共识。

实际上李平自1992年取得单程证移居到香港，就在港自立门户开办了贸易公司，专门代理广西出口产品，依仗成克杰的职权，获得低价白糖、植物油指标等转手倒卖，从中获利几百万元，只是两人觉得赚得太少，尚不足以构成结婚后丰厚的物质基础。

达成了找工程项目收取好处费的共识，李平便开始寻找机会。正在这时，广西银兴实业发展公司总经理周坤来找李平，在与李平的闲聊中谈起西园饭店门口的一块地。周坤说，谁能拿到这块地就能赚大钱，但这块地除成克杰谁也拿不过去。周坤当时还真不清楚李平与成克杰的亲密关系。说者无心，听者有意。李平从周坤口中初步得知西园饭店门口那块地的价值，当天就转告给成克杰说，拿到西园的土地可以赚大钱。成克杰表示拿到那块土地没有问题，让李平去找周坤具体谈谈。李平第二天就到周坤的办公室，对周坤说，我和成克杰很熟悉，如果我帮忙通过成克杰拿到西园的土地，能给我们多少好处费？看到李平胸有成竹的神态，周坤的回答很干脆，承诺拿到那块地可以给1000万元的好处费。周坤开出的好处费价码得到了成克杰的认可，他同意将这块地给周坤的公司开发。只是老谋深算的成克杰考虑得更为周到，为了"名正言顺"地通过批地赚钱，成克杰利用职权，1994年3月10日将广西银兴开发公司由隶属广西国际经济技术合作公司二级公司的性质，改为直接隶属自治区人民政府办公厅领导和管理。

公司级别的升格，使周坤明白拿到西园那块土地指日可待，他开始做工程的前期准备工作。在这个过程中，周坤又找到李平说，西园的地价太高了，如果通过成克杰把地价压至每亩70万以下，还可以增加好处费。位高权重又想尽快拿到高额好处费的成克杰自然不把这种要求当回事，当李平把周坤的希望转告给成克杰时，他毫不犹豫地答应了。随后，成克杰指示南宁市政府把该工程85亩用地的出让价格，从评估价每亩96万余元压到55万元，并要求自治区计委尽快为该工程立项。成克杰要求降低地价的指示遇到小小的挫折，南宁市政府是不同意将地价降至每亩55万元的，但对自治区政府主席的指示又不能明顶硬抗，便采取拖的方式，直到实在拖不下去了，迟至1995年11月才认可同意成克杰要求的地价。尽管时间晚了一年多，周坤给成克杰、李平的"好处费"却增加到1600万元。

在成克杰的悉心"关照"下，西园停车城（即江南停车购物城）工程顺利开工。按照事先的约定，李平去找周坤索要"好处费"，周坤趁机又提出新的"条件"：目前资金紧张，暂时付不了"好处费"。你找成克杰搞点贷款，有了资金就可以付"好处费"。而且贷款也不白贷，根据贷款数量可以再付"好处费"。对于周坤不断增加的条件，李平内心是很不满意的，倘若不是尚未拿到"好处费"和不断增长的"好处费"数额，她也许早就发火了。李平耐着性子再次把周坤的要求转告给成克杰，为了替周坤解决贷款，同时尽快拿到"好处费"，成克杰多次给中国建设银行广西分行行长打电话，要求给银兴公司贷款，迫于成克杰的压力，自治区建行给银兴公司贷款 7000 万元人民币。成克杰和李平的"好处费",也随之由原来约定的 1600 万元增加到 2000 万元。通过批项目、压地价和解决贷款,2000 万元的巨额"好处费"轻而易举地落入了成克杰和李平的私囊中。至于国家的损失,就不是另有图谋的自治区政府主席所关心的事了。

　　初次捞取巨额好处费的成功,使成克杰和李平大喜过望,期待着去寻找新的能获取丰厚回报的机会。说来也巧,接下去的机会又是周坤给提供的。周坤搞完西园停车城工程,自然又去寻觅新的商机,这时的周坤已完全清楚了成克杰与李平的关系,也明白只要抓住李平就可以获得成克杰的鼎力支持。到了 1996 年上半年,周坤再次求助于李平,说如能帮助银兴公司承接民族宫工程及解决建设资金(了解了李平实际能量的周坤这次把承接项目和贷款一起说了),依然能得到巨额"好处费"。有了第一次捞取巨额"好处费"的经历,成克杰已对周坤很是认可,认定周坤是靠得住的能办事的人,所以当李平转告了周坤的希望后,成克杰立即插手民族宫工程事宜,以便达到让银兴公司顺利承揽民族宫工程的目的。民族宫工程是自治区迎接建国五十周年的项目,投资额比较大,早就被不少有实力的公司看作"肥肉"盯上,成克杰的插手让这些有想法的公司只剩下望天兴叹的份。初步安排好由银兴公司承揽民族宫项目没几天,有人善意地提醒成克杰,用于建设民族宫的这块地早已批给了自治区民委,成克杰却毫不在意地说,就是批了也可以再改过来嘛!善意的提醒让成克杰担心夜长梦多,立即召开会议,拍板让自治区民委和银兴公司一起开发这块地,同时将该工程项目法人由原定的自治区民委改为银兴公司。接下来,成克杰在资金方面的支持对银兴公司更是大开绿灯:要求中国工商银行广西分行为银兴公司发放贷款人民币 3000 万元;违反国家规定,指令自治区房改办公室,将房改基金人民币 2500 万元借给银兴公司;批示自治区财政厅将财政周转金人民币 5000 万元借给银兴公司;为银兴公司向国家计委申请工程项目补助款人民币 1300 万元。自治区政府主席的权威在此充分显示出来!在帮助周坤承揽了民族宫工程及解决了建设资金,成克杰、李平再次得到巨额"好处费"人民币900万元、港币804万元。

  为了给再结婚积累物质基础,成克杰有些忘乎所以了,在他眼里已经没有党组织,根本不把民主集中制当回事,主持自治区政府工作多年,担任党组书记却没开过几次党组会议。在捞取个人"好处费"的过程中,出让土地不是按有关规定,而是他个人拍板决定;工程承包发包不是公开招标,而是他个人说了算;市场交易不是公平竞争,而是他打招呼压价。甚至事关广西发展的一些重大建设项目,他也可以一个人说了算。权力滥用再加上缺乏严格的纪律约束,使成克杰权钱交易的勾当不断得逞,在犯罪的道路上越走越远。

  贪官的胃口都出奇的好,数额巨大的"好处费"是猎取目标,数目小的贿赂同样照收不误。成克杰和李平在与周坤的交往中充分显示了这一点。周坤依靠成克杰和李平受益匪浅,也是成克杰和李平积累巨额不义之财的"有功之臣",在通过周坤积累了巨额不义之财的同时,1994年7月至1997年底,成克杰和李平在接受周坤请托过程中,还先后收受了周坤送的人民币、港币、美金以及黄金钻戒、金砖、黄金工艺品、手表等贵重物品,合计人民币55万余元。

  除了通过帮助周坤捞取"好处费"外,成克杰和李平还把手伸向了别处。1994年7月至10月,由李平牵线搭桥,成克杰利用职务上的便利,帮助广西信托投资公司及下属广西桂信实业开发公司联系贷款共计人民币1600万元。事成之后,成克杰、李平收受贿赂人民币60万元;1997年7月,依然是李平牵线搭桥,成克杰利用职权,为铁道部隧道工程局谋取承建岩滩水电站库区排涝拉平隧洞工程,成克杰、李平从中收受贿赂人民币180万元。

  一心为与李平结婚积累物质基础的成克杰,不但通过批工程、贷款等手段大肆捞钱,还干起了受贿卖官的勾当。当然,这中间仍主要是李平牵线搭桥。

  1994年初,某国营企业的厂长张某经李平的引荐前来拜访成克杰。张某道明来意：现在国有企业不好干，能不能请成主席帮忙调到党政机关工作。成克杰当即表态可以考虑。有了这句话，张某如获至宝，往成家跑得更加勤快，自然每次都不会空手前往。事后查明，张某先后4次送给成克杰现金2.9万元，而且送给李平金项链一条，价值3888元。不久，成克杰亲自出面，疏通关节，把张某从企业调到某机关工作。

1995年10月，广西某县副县长徐某听说组织上要安排其到县政协当副主席，他嫌政协副主席没有实权，为了能得到提拔重用，徐某先后给成克杰送去8万元人民币。在成克杰的关照下，徐某成为另一个县的县委书记。

1994年初至1998年初，成克杰还分别接受合浦县原副县长甘维仁、北海市公安局海城分局原局长周贻胜、自治区计委服务中心原主任李一洪的请托，利用职权，使甘维仁先后晋升为北海市铁山港区区长、自治区政府副秘书长，向有关部门推荐周贻胜担任北海市公安局局长，推荐并批准李一洪担任自治区政府驻北京办事处副主任。成克杰和李平因此获得贿赂人民币28.8万元、美元3000元。

成克杰和李平合谋聚敛钱财的行径，后来被恰如其分地称为权钱交易的"二人转"。采取这种"二人转"的方式，成克杰伙同李平或单独非法收受贿赂款、物合计人民币4109万余元。这些赃款，或由李平出面收下后告诉成克杰，或由成克杰收下后转交李平，最后全部受贿所得除李平给帮助其转款、提款的香港商人张静海人民币1150万元外，李平都按照与成克杰的约定，存入境外的银行，以备两人婚后使用。

案发后，李平交代了为什么要采用"二人转"的方式捞钱："我实际上没有什么能力，赚钱实际上靠的是成克杰，因为他是自治区政府主席，有很大的权力，他有能力解决各种工程项目中的问题……如果没有成克杰，我是一分钱也拿不到的。但像成克杰这么大的官他是不可能出面去找项目收取好处费的，所以成克杰让我出面去找项目，去找赚钱的机会，然后我把赚钱的信息告诉成克杰，再由他出面解决问题，由我出面收钱，这样就能得到好处费，事后也将收钱的情况告诉成克杰……所以我和成克杰是在一起赚钱,共同为今后结婚、生活做准备,打下物质基础……我们聊天时说过,以后我们结了婚可以用这些钱出国去世界各地旅游。"

我们党的"意志薄弱者"往往经不住两种考验:一曰"财",二曰"色"。这也是贪官们走上邪路的重要诱因。以权谋私、以权占色,这是当今腐败现象的两大特征。

风流桃花运　尽显是身份

【案例】

主要涉案人：王怀忠
案例主题词：性丑闻
官场潜规则："身边女人多，显示的是身份。"

最早爆出王怀忠性丑闻是发生在亳州。那时，王怀忠是亳州市市长，有一个并不是他妻子的女人经常从他家出出进进，当然这个女人比他的妻子年轻，有姿色。后来，这个未婚女子肚子大了，"青山"再也遮不住了。是王的"手下"傅洪杰替王怀忠摆平了此事，这个女人的事得以"圆满"解决，傅洪杰"功不可没"。对没有文化、也无社会地位的那个未婚女子来说，公安局傅局长的话岂能当儿戏。王怀忠的老婆从一开始的"吃醋"到后来摆出"大将风度"，同样是傅洪杰做了不少工作的。那个女子后来被安排到一家服务单位上了班，还被王怀忠的老婆认成"干妹子"。

王怀忠身边有众多的女人。在阜阳，随着他地位的升迁，身边的女人自然也越来越多。在众多与王怀忠有染的女人中，真正集万千宠爱于一身的只有一个马姓女子。马某原是阜阳市某县的服务员，称得上是个绝色美人。王怀忠到该县检查工作时对马某一见倾心。马某傍上了在阜阳市呼风唤雨、说一不二的王书记，说是违心怕也没人相信。几番偷偷摸摸之后，马某干脆与丈夫离了婚，又过了一段时间，马某调至阜阳市在一家小单位当上了会计。

可惜纸里包不住火，马某与王怀忠的幽情像长了翅膀似的，很快便闹得满城风雨。马某受不了同事们异样的眼光，在与王怀忠温存的时候常常叫苦，时不时还流下几滴眼泪。王怀忠为此找来傅洪杰，要他解决马某面临的实际问题。傅洪杰向王怀忠建议，那个单位太小，"人员素质差"，好议论他人是非，不如将马某调进市公安局。王怀忠当即拍板同意。没过几天，马某便调进了市公安局。傅洪杰为掩人耳目，先将马某安排到一个派出所工作。

转眼到了1997年，王怀忠时不时听到"书记即将提升"的传言，王怀忠本人也预感仕途畅通，升官是迟早的事，便向傅洪杰交底：马某文化程度不高，对公安业务又不熟悉，要设法在最短的时间内一劳永逸地解决这个问题。傅洪杰心领神会，没过多久，马某便进入了高等学府，成为某公安大学的一名学生。

从贪财到贪色，不以为耻、反以为荣，这就是贪官们的丑恶灵魂。他们的"密经"是见不得阳光的。

明知有陷阱　偏在淫道行

【案例】

主要涉案人：李嘉廷
案例主题词：包养情妇
官场"密经"："养情妇，对老百姓来说是道德败坏，对官员来说是能耐。"

每一个贪官背后都可能藏着不光彩的女人，李嘉廷也不例外。但徐福英这个堂堂一省之长李嘉廷的情妇，竟然是个有涉黑背景的半老徐娘，无疑是李嘉廷腐败丑闻中的丑闻。

耗资700万元，集餐饮、住宿和娱乐于一体，有当时云南最大游轮之称的"海王号"，于1995年5月建成开业。一时间，"海王号"远近闻名，热闹非凡，上至省级领导，下至大款老板，乃至普通百姓，都乐于上船游玩，很多会议也在这条游船上召开。游船的女主人徐福英原本就小有名气，这下成了闻名昆明的"漂亮老板娘"。

徐福英与李嘉廷相识于1995年10月2日。那天，云南省交通厅的一位领导邀请时任云南省副省长的李嘉廷及其夫人王骁到"海王号"游玩。当时，交通厅的那位领导专门安排徐福英负责接待李嘉廷，并陪他们吃饭。尽管徐福英对"李嘉廷第一印象不太好"，但一见李嘉廷对她有好感，徐福英便产生"想利用他一下"的心理，并使出自己"歌唱得好、舞也跳得好"的交际优势,以一曲《我爱你塞北的雪》吸引了李嘉廷。

一阵掌声过后,李嘉廷主动邀请徐福英跳舞。在跳舞过程中,李嘉廷热情地说:"小徐,你有什么事就来找我。"正好徐福英经营了多年的"丽人园"餐厅想进一步扩大规模,她趁机说:"你认识某部门的主任吗?我想买那儿的一块空地。"李嘉廷痛快地说:"认识,叫某某,我帮你打个招呼就搞定了。"舞后,李嘉廷让夫人王骁把家里的电话号码留给徐福英,他还专门向徐福英索要了电话号码。

当一天的游程结束"海王号"靠岸时,徐福英送李嘉廷一行人上岸。李嘉廷又对徐福英说:"不管有什么事来家里找我",并趁人不注意拉了一下徐福英的手。三天后,李嘉廷给徐福英打来电话说:"你现在来我家里好吗?"他又说"你托我找的人,我今天介绍给你认识,我在家里等你。"最后,他说:"既然你不愿意来省委,那我们换个地方,我们一起打网球。"赴约前,徐福英抹了淡妆,显示出"成熟女人特有的魅力"。来到网球馆后,李嘉廷给徐福英介绍了那位部门负责人。

从那时候开始,徐福英感到李嘉廷对她是"情有独钟"。一起吃饭的时候,李嘉廷总是把她叫到自己身旁去坐;徐福英不能喝酒,李嘉廷都是很豪爽地替她喝掉。李嘉廷甚至放下架子亲自跑到徐福英的饭店里找她。李嘉廷对徐福英表白说:"我从第一眼见到你,就喜欢上你了。"两人第一次发生性关系是在李嘉廷家中。李嘉廷趁爱人出差把徐福英叫去,谈到深夜。徐福英后来回忆说:"在李嘉廷家里,当他要求和我发生关系时,我的思想很复杂,我知道如果不答应我以后根本不可能再见到他了,因为他是一省之长。如果跟他有关系,以后有什么事情都可以找他帮忙。"徐福英开始投怀送抱,而且从中受益匪浅。

沉缅于徐福英姿色的李嘉廷或许不清楚,徐福英是个依靠美色不断挖掘男人潜力、并在黑恶势力保护下发迹的不寻常女人。1962年1月出生在昆明郊区一个普通职工家庭的徐福英,父母都是老实巴交的人。徐福英从小长得天生丽质,活泼可爱,曾经有过当艺术家的梦想。但因其贪玩不努力,仅上到小学四年级便中断了学业。没有文化自然很难就业,徐福英辍学后无所事事,在16岁那年和一个男人私奔了,并生下一个儿子。在艰难困苦中,徐福英发现丈夫行为不轨,干脆也红杏出墙,最终被这个丈夫抛弃。

与前夫离婚后,徐福英带着年幼的儿子孤苦伶仃地奔波了一段日子,认识了一个比她大20岁的叫"老倌"、做服装生意的男人,结合后生了一个女儿,生活开始出现转机。一次,"老倌"让徐福英接待一个外商客户,徐福英与那位外商一见如故,那位腰缠万贯的外商又是请她吃饭,又是请她跳舞,还送给价值不菲的金项链、名牌表,接着还专门带她逛北京。在北京的一家大商场,徐福英看上了一件3万元的衣服,那位外商想都没想,掏出钱就为她购买到手。在徐福英的"服侍"后,那位外商在宾馆里以"利润分成"为名,送给她15万元,徐福英用这笔钱给丈夫买了一辆小轿车。

20世纪90年代初,徐福英另起炉灶,从跟着"老倌"做服装生意,改为单独经营餐饮业。徐福英在昆明市景星街租下了一个临街铺面,以自诩亮丽姿色命名"丽人园"。得知徐福英要开"丽人园"餐厅,与其认识多年且在江湖上已名声大噪的昆明市黑社会老大杨炯明,也跑来大献殷勤。杨炯明找朋友为徐福英装饰门面,修理桌凳,继而邀约其党羽到"丽人园"宣布"纪律":今后任何"兄弟"请客,必须在这里举行。

"丽人园"开张营业后,杨炯明成了这里的保护伞,不断替徐福英打抱不平。一次,一个身高马大的男人来餐厅吃饭时,提出要徐福英陪他上床,徐福英不肯;那男人继而逼她喝酒,她不喝;那男人就逼她跪在地上,把酒泼在她脸上,骂她是"骚货"。这情形正巧被赶来的杨炯明碰到了,他冲上去把那个男人打翻在地。第二天,那个男人又带着许多人来餐厅闹事，让徐福英要么交出杨炯明，要么拿5万元钱摆平，否则让她的生意做不成，还要叫另一个黑老大侯连喜过来。

　　杨炯明和侯连喜都是昆明市的黑社会老大，他们两个为了争夺地盘，既互相利用，又充满着矛盾。为了在徐福英面前显示自己，杨炯明主动约来侯连喜。应约而来的侯连喜一见年轻貌美的徐福英，大有相见恨晚的神态，再加上徐福英的温柔体贴，当即表示："以后不管谁来你这里闹事，你就叫人来找我。"此后的一段时间，侯连喜天天约人到"丽人园"吃饭，并后来居上，主动为徐福英撑开了保护伞。从此，"丽人园"凭借有侯连喜和杨炯明两个黑社会老大的名气，无人再敢来闹事。

　　到了1994年下半年，不满足现状的徐福英在生意上又迈出了一大步。距昆明市区40公里的阳宗海，因为是前往石林风景区的必经之地，当时成为昆明市各方投资客商的热点。徐福英和丈夫经朋友介绍，认识了宜良县县长柴春智。第一次见面，柴春智就许诺只要他们到阳宗海投资，可以享受许多优惠条件，并请来县里五套班子的领导热情接待。徐福英和丈夫迅速决定投资阳宗海，建造"海王号"游船。造船过程中花完了家里的积蓄，徐福英就先后以月息高达2%至2.5%的条件向侯连喜等人借款达200多万元。然后又通过与云南省交通厅下属的一个经济实体合作的方式，筹集260万元。"海王号"终于建造起来，徐福英因此结识了李嘉廷，成为李嘉廷的情妇。

　　自从确立情人关系后，李嘉廷对徐福英一直都很好，对她的所有的要求都千方百计地满足。徐福英也深深感到，李嘉廷明显比侯连喜等人有用得多，所以她"在跟了李嘉廷以后，就不想和侯连喜他们在一起了。"不知内情的侯连喜一改过去毕恭毕敬的态度，大骂徐福英忘恩负义。而徐福英却在这个节骨眼上神秘地失踪了。

　　其实，那段时间徐福英哪里也没有去，就是和李嘉廷在一起，整日陪同李嘉廷吃喝玩乐。身为江湖对手、情场宿敌的侯连喜和杨炯明，都认为徐福英是和对方在一起，他们相互指责对方不懂"江湖"规矩，不讲"朋友"义气，一场你死我活的情人争夺战就这样不可避免地展开了。假如当时李嘉廷就知道了是自己从两个黑社会老大怀中夺走了徐福英，心中是何感想，还会喜欢这个与黑社会老大们共享的情妇吗？

就在这微妙时刻，杨炯明在徐福英的"海王号"上开了赌场，吸引着四面八方的游客前来聚赌。见杨炯明开赌场赚了钱，侯连喜嫉妒万分，急忙找到徐福英，也要求到"海王号"上开赌场。不料，徐福英以"明哥只是偶尔约朋友来玩"婉言谢绝了侯连喜。这样一来，侯连喜与杨炯明火并的导火索被点燃了。

1995年底，侯连喜纠集手下的弟兄到"海王号"上打了杨炯明。一向争强好胜的杨炯明在徐福英前丢了面子，决心与侯连喜"血战到底"，他立即返回昆明，准备组织力量与侯连喜"开战"，可还未进家门，他又被侯连喜的人暴打一顿，不仅自己的头颅被砍伤，连无辜的儿子也被打得奄奄一息。杨炯明忍着屈辱修养了一番，1996年初邀约人马，把措手不及的侯连喜打得不治身亡。当然，杨炯明最后也受到法律的严厉制裁。两大黑道头目接连"报销"，此事在昆明市轰动一时。

得知杨炯明打死侯连喜的消息，徐福英一时慌了神，匆忙把李嘉廷约到"海王号"上，告诉李嘉廷这起命案可能会牵连自己，并隐约说出自己曾得到两人的支持和保护。让徐福英喜出望外的是，李嘉廷不但没有指责她，也没有深究她与侯连喜和杨炯明的关系，反而安慰她说："以后不要跟这些坏人在一起"，并表示有事一定会帮忙。没过多长时间，李嘉廷被安排到中央党校学习，临行前，他要求徐福英到北京去看他。在中央党校学习期间，李嘉廷每天都给徐福英打电话。不久，徐福英因涉嫌侯连喜一案被昆明警方拘押。李嘉廷终于出面过问此事，他给有关领导打招呼："如果徐福英确实犯了罪，该怎么办就怎么办。如果问题不大，就把她立刻放了。"由于李嘉廷的过问，徐福英被收审9天就获释放，有关部门再也没有因此案件找过她。

虽然与李嘉廷的关系已极为密切,但徐福英做梦也没有想到被释放的当天,李嘉廷就从北京打来电话,后来每天打两三次,每次讲一两个小时,最长的一次竟然从"晚上十点打到第二天早上六点"。徐福英回忆说:"到这个时候,我才真正感到他很爱我"。经李嘉廷三番五次催促,徐福英释放出来一星期后就乘飞机到北京与之约会,李嘉廷还因徐福英到北京后没有及时联系而急得流泪。

为了长久保持与李嘉廷的亲密关系,徐福英对李嘉廷的夫人王骁不是避而不见,而是与之"和平共处",显示出过人之处。按常理,对于徐福英这个不速之客,王骁不可能不察觉,也不可能不生气。她与李嘉廷是清华大学同学,毕业后又同到哈尔滨工作,夫妻之间30多年风风雨雨,岂能坐视第三者明目张胆插足。可徐福英毕竟是情场高手,并深知省长夫人的重量,不敢公开与之较量,而是跑到王骁面前,拉住王骁的手,巧舌如簧,左一声"大姐"长,右一声"大姐"短,弄得王骁强忍着怒火不好往外发。紧接着,徐福英又陪着李嘉廷全家到外地过春节,一路有说有笑,精心伺候,与王骁逐步化解矛盾,不断消除敌意。到返程时,王骁也渐渐认可了这位热情大方、善解人意、委曲求全、不计名分的"妹妹"。

为了讨好王绕,徐福英平日不时施予小恩小惠,送上礼品、时装、化装品,还时时陪王骁聊天谈心,为王骁做饭,进一步拉近两人之间的距离。当徐福英了解到王骁爱财后,除自己拿出钱来讨好,每次到李嘉廷家,都将李家收受的部分高档香烟、名酒等物品,带到自己经营的餐厅里销售,然后将销售所得的现金如数交给王骁,王骁甚至还替李嘉廷收下徐福英的贿赂5万元。据徐福英后来交待,出于对王骁的负疚感,她还积极为王骁办过许多事,因而逐步得到王骁的信任。与此同时,徐福英却秘密买了两部手机,给李嘉廷一部用以方便私下联系。

徐福英的丈夫"老倌"已年近花甲,是一个心直口快的人。徐福英被刑事拘留后,"老倌"到办案单位领取"家属通知书",一见办案人员就说:"过去只知道徐福英与一些老板有瓜葛,想不到她会与李嘉廷苟合,给我戴了一顶最大的绿帽子"。

处理好"夫人"关系后,徐福英可是如鱼得水,虽然她从不过问政治,却时刻不忘关心"经济",不停地利用李嘉廷的权力获取利益。

1996年1月,徐福英到李嘉廷家,说要借300万资金解燃眉之急。李嘉廷说公家的钱不能随便借给你,但你可以与宜良县的领导商量,让他们向省财政借,我来批。徐福英依计找到宜良县县长柴春智说明来意,并促成李嘉廷与柴春智见面。最终,徐福英如愿拿到了钱。1999年,徐福英又以同样的方式,让李嘉廷跟省财政厅打招呼,通过宜良县财政局向省财政厅为其借款150万元。

对徐福英的要求李嘉廷基本上都给予了解决,但对于徐福英的过度贪婪,有时候李嘉廷也会忍不住发火。1997年初,徐福英又以建综合办公楼为名,要李嘉廷给她"弄点钱"。李嘉廷忍无可忍,大发雷霆,"银行、财政有钱,必须我说话,才能弄到,但风险太大,你已经拿走了几百万,一分钱都没有还上,实在太不像话,现在我没有办法"。发火归发火,李嘉廷后来还是向港商李镇桂借了800万元资金给徐福英。

港商李镇桂先后几次借钱1000万元给徐福英,李嘉廷自然十分"感动",但他也明白,这是需要他来还"情"的。他也确实这么做了。李镇桂要见什么人,李嘉廷就给引荐;李镇桂要干什么项目,李嘉廷就给他介绍什么项目;李镇桂要做什么生意,李嘉廷就让他经营什么生意。

凭借与李嘉廷的情妇关系,徐福英在短短几年内通过李嘉廷谋取私利1350万元,借债不还700万元。徐福英在案发后毫不忌讳地说:"因为李嘉廷是省长,我就是想利用他手中的权利和与他的特殊关系,找借口让他帮助我搞钱用"。只是徐福英轻易弄到手的巨额不义之财并没有给她带来真正意义上的幸福,而且她本人要为此在牢狱中劳动改造,她名下的"海王号"游船、"丽人园"餐厅、别墅房产等,都已被法院依法拍卖用来偿还挥霍掉的不义之财。

官场来周旋　女子胜于男

【案例1】

主要涉案人：李嘉廷
案例主题词：权钱色交易
官场潜规则："要打通关系，一个'精明'的女人胜过一百个平庸的男人。"

与依靠美色不断挖掘男人潜力、在黑恶势力保护下发迹的徐福英截然不同，邹丽佳在商海里曾经光彩眩目，办起大观商业城、建成云南省第一家五星级酒店等业绩，让商海里的一些男人汗颜。案发前，邹丽佳是云南省政协常委，称得上已是名利双收。

用邹丽佳自己的话来说，她是属于有钱的女人，在商业圈子里有她的位置，她是想把事业做大，才去找李嘉廷的。初见李嘉廷时她嫌李嘉廷长相一般。当时，李嘉廷还不是省长，在邹丽佳眼中职位不够高，不过李嘉廷能帮人办事，所以邹丽佳愿意和李嘉廷交往。邹丽佳承认与李嘉廷有过那种亲密关系，但对于说她是李嘉廷情妇的传言，邹丽佳认为有失公允，她认为只与李嘉廷有过三次性交往，不能算是李嘉廷的情妇。特别是发生第一次性关系完全是为了感激李嘉廷，只能算是性交往。

引发邹丽佳与李嘉廷不断交往的起源，恐怕要从1992年说起。

那时候，邹丽佳开始筹建云南省第一家五星级酒店——佳华酒店。当佳华酒店筹建到1996年时，邹丽佳与红塔集团签署了一份委托代建协议，把佳华酒店的B座卖给了红塔集团，就是现在人们看到的红塔大厦。红塔集团当时的负责人是褚时健，他是经过反复论证才与邹丽佳签订协议的。谁也想不到，红塔集团按协议将第一笔款付给建设中的佳华酒店后，褚时健就出事了，导致邹丽佳与红塔集团的协议不能顺利执行，佳华酒店的工程因此停顿下来。邹丽佳为此事焦急万分，多次跑到玉溪去找红塔集团的人，也去找市里的一些领导，但问题始终未得到解决。正当邹丽佳山穷水尽的时候，李嘉廷帮了她的大忙。

　　1996年8月8日昆交会开幕，云南省的每位副省长都要会见一些海外客商。邹丽佳所代表的公司属李嘉廷会见的客商之一。当时，邹丽佳所代表的公司是昆明市最大的一家投资商。在昆交会场的会客厅里，趁李嘉廷接见时邹丽佳率先提问："我们在云南投资遇到困难，政府会支持我们吗？"李嘉廷当即表态："肯定会。你们遇到困难，我会帮助解决。"紧接着又说："具体情况我不太了解，你能不能写个材料给我。"当天，邹丽佳就派人给李嘉廷送去一份报告。李嘉廷很快把报告批给了红塔集团，还派专人组织红塔集团与邹丽佳现场办公，协商解决问题。不久，红塔集团就将欠款打到了佳华酒店筹建处的账上。使佳华酒店恢复建设。

　　至此，应该说李嘉廷还是一个热心为投资商解决困难的省领导，邹丽佳还是一个在商海拼搏的女强人，但以后两人的交往变味了。

　　收到红塔集团欠款几天后的一个晚上，邹丽佳通过李嘉廷的秘书接通了李嘉廷的电话，口气温柔地说："我有急事，很想见你一面。"李嘉廷答应了，并在秘书的陪同下没过多长时间就赶到邹丽佳住的宾馆房间。一见到李嘉廷，邹丽佳提出："我想单独和你谈谈。"秘书马上离开了，房间里只剩下邹丽佳和李嘉廷。此前的李嘉廷刚帮过邹丽佳的大忙，让邹丽佳心中非常感激，她温存地拉着李嘉廷的手说："其实并没有什么急事，我只想找你说说话。"李嘉廷顺势把邹丽佳抱在怀里说：

"说什么话呢？"之后，两人一边说，一边紧紧地拥抱对方，情不自禁地迈出了第一步——发生了第一次性交往。

发生了第一次性交往后，邹丽佳和李嘉廷的关系就非同一般了，邹丽佳有了更多的理由去找李嘉廷，而李嘉廷也很乐意看到邹丽佳，并在许多事情上帮了邹丽佳的大忙。

1998年初的一天，李嘉廷率人到佳华酒店建设工地视察。礼节性的相互问候后，邹丽佳向李嘉廷提出，为了确保佳华酒店能在1999年世博会期间如期投入使用，想把佳华酒店列入世博会重点配套项目，同时还提出想争取建设银行的贷款。李嘉廷当即表态："这是好事，你们尽快准备一份报告给我"。过了几天，邹丽佳带着准备好的两份报告直接去省政府李嘉廷的办公室，李嘉廷看后作了批示，要求有关部门协助解决。此时的李嘉廷已是一省之长，说话更加有份量，这事自然很快就办成了。

同年7月，邹丽佳又去找李嘉廷谈新项目设想，说她想引进世界500强之一的"沃尔玛"进入昆明市场，但反对的人很多，想请他出面做工作。李嘉廷认为这件事有利于流通领域的对外开放，立即吩咐有关人员去协调此事。接下来，经多方协调，"沃尔玛"顺利进入昆明市场，准备开办连锁店，但工程进展并不顺利。有一次，省、市、区领导去工地检查工程，邹丽佳抓住时机不断诉苦，而且反复说一句话："我真的没想到会这么难"！李嘉廷对邹丽佳开玩笑说："邹丽佳，这下子轮到你睡不着觉了。不过，还有我呢"。邹丽佳听后心理压力缓解了。经过邹丽佳的一番努力和李嘉廷的大力支持，"沃尔玛"连锁店终于赶在昆明世博会之前如期完工。

在邹丽佳心里牢牢记住了一个小插曲。那是在她和李嘉廷有了实质性关系不久，在北京的一次社交场合上，邹丽佳开玩笑地对李嘉廷说："李省长，你喜欢我为云南打工吗？"李嘉廷笑眯眯地说："我是喜欢你为云南打工，但更喜欢你这个人，因为你是一个会干事的人，是一个可遇不可求的人"。邹丽佳听了也很高兴，接着说了许多今天听起来十分肉麻的话:"我同样觉得你是一个会干事的,一个真正的男人。我在焦头烂额的时候遇到了你,是你帮了我的大忙,你对我提的问题回答得很干脆,解决得很彻底。我真的也认为你是一个可遇不可求的人"。说完,两人会心地笑了。可遇不可求的评价,或许是两人内心的真实表白。

随着邹丽佳与李嘉廷频繁接触,自然有了第二次性交往。2000年7月的一天,李嘉廷出访欧洲回国途经香港,邹丽佳请某某巨商的儿子把李嘉廷一行安排在香港君悦酒店。待他们住下后,邹丽佳同香港某公司董事长罗某某专程前去探望李嘉廷,双方聊了一阵,邹丽佳和罗某某告辞。走到酒店大堂时,邹丽佳借故让罗某某先走,自己则重新返回李嘉廷的房间,对他说已在香港替他联系上了他想见的一个人,不日就可安排面谈。李嘉廷一听很高兴,说邹丽佳又为云南找到了一条出路,边说边把邹丽佳紧紧抱住,还说:"邹丽佳,你真行啊!我真的谢谢你,代表云南省政府向你表示感谢!"李嘉廷边说边拼命地亲吻邹丽佳……事后,邹丽佳有点愠怒,并认真地问李嘉廷:"你感谢我为云南又找到一条出路,就用这种方式表示?"李嘉廷听后大笑起来,邹丽佳随之也笑起来。

临分手前,邹丽佳从包里取出事先准备的3万港元和5000美金送给李嘉廷,说给他做零花钱,李嘉廷不要。邹丽佳说:"你现在住的这个总统套房,按规矩每晚都要给服务员小费"。邹丽佳看李嘉廷真的不懂,又问他:"你给人家小费了没有?"李嘉廷问给多少,邹丽佳说:"一般给500港元左右,放在桌子上就行了"。李嘉廷一听大叫起来:"你说什么?500元在云南相当一个公务员的月工资呀!"邹丽佳说:"入乡随俗嘛,这是规矩。"李嘉廷依然不要邹丽佳的钱,邹丽佳便说:"你就当是给人家的小费吧!"李嘉廷:"我给人民币行不行?"邹丽佳说:"人家只收港币或美元。"邹丽佳把钱放在桌子上才走。

两人之间的第三次性交往,也是邹丽佳和李嘉廷的最后一次约见。

　　2001年春节的一天，邹丽佳从香港回到昆明，刚下飞机，就听到李嘉廷的儿子被抓等消息，于是连忙给李嘉廷打电话，询问他是否有此事，李嘉廷反问道："你怎么知道？"邹丽佳接着追问是不是真有此事，李嘉廷"嗯"了一声就挂断了电话。邹丽佳为了弄清情况，又给李嘉廷打电话，告诉他要见他。李嘉廷答应马上来见面。

　　那天晚上大约7点多，李嘉廷来到邹丽佳在佳华酒店住的房间。刚进门，李嘉廷就明显表现出情绪烦躁，看上去十分憔悴。邹丽佳主动抓住他的手问："到底发生什么事了？"李嘉廷紧紧地抱住邹丽佳说："你说我这个人坏不坏？"邹丽佳说："我不觉得。可你要告诉我到底发生了什么事。"李嘉廷长叹一声说："你不懂！"邹丽佳说："要不要我到北京找人帮忙。"李嘉廷摇摇头说："不要了。"

　　说话间，两人上床。事后，李嘉廷沉默了很长时间，又问邹丽佳："我要有什么事，你不会不在意吧？也不会把我们的关系说出去吧？"邹丽佳说："干吗要这样问？我不会落井下石。"李嘉廷听了不再说话。

　　引起李嘉廷烦躁不安的事终于发生了。不过说来也巧，尽管事先没有相互约定，李嘉廷和邹丽佳却几乎同时出门，只是李嘉廷是去北京开会，邹丽佳是去上海办事。没过几天，李嘉廷在北京被抓。邹丽佳从上海返回昆明刚下飞机，一位笑容可掬的小姐走过来，对她说有人找，邹丽佳没有多想就跟着走，之后才知道是中纪委专案组的人来找她。

　　毕竟曾在商海里光彩眩目，邹丽佳还算比较理智，被拘押在看守所里后回忆了自己走过的路，明白了自己是如何犯罪的，面临着数罪并罚，其中一条罪状就是行贿。

　　邹丽佳是20世纪70年代初参加工作的，开始是云南省晋宁县招待所的普通女工，1974年底调入昆明市土产公司做工会工作，后来又调入昆明市供销社办公室工作。期间恋爱、结婚、喜得千金。1985年2月全家移民香港后，邹丽佳主要经营房地产和炒股。待手中有了比较丰厚的积蓄和从国外的亲友中筹措到一定的运作资金，邹丽佳返回家乡云南投资发展。尤其是在昆明投资数亿元建起的佳华酒店，让邹丽佳饱受甘苦，李嘉廷正是在她最困难的时候给予很大的帮助。邹丽佳觉得自己是懂得报恩的人，所以要感激李嘉廷。

对李嘉廷的相助，邹丽佳除了三次"以身相许"，再就是给他送钱。1998年冬天，李嘉廷的岳父去世，他夫人王骁获知噩耗的当天决定次日赶回老家奔丧。邹丽佳在佳华酒店建筑工地得知了这一消息，立刻筹了10万元人民币现金装在一个袋子里，没顾上梳洗打扮，仍然穿着浑身沾满泥土的工作服，连夜赶到李嘉廷家里。一进门，邹丽佳看到李嘉廷和夫人王骁都在客厅，还没有来得及坐下就说："听说老父亲不在了，我送点钱来，你们回去奔丧，肯定要花钱。"李嘉廷听完很不高兴地说："邹丽佳！你搞什么？你现在焦头烂额，正是需要花钱的时候，你还拿钱来？你拿来干吗？拿回去，拿回去盖酒店。"邹丽佳马上说："又不是给你的。"然后看看他夫人王骁说："老人家去世了，我没什么送的，这点钱你们拿去做奔丧费吧。"在邹丽佳看来，可能女人与女人容易沟通吧，王骁说了声"谢谢"，就收下了。

在以后的交往中，邹丽佳利用一些机会给李嘉廷送钱，原以为这是商人之间的礼尚往来,在看守所里经过办案人员的教育，邹丽佳才知道给李嘉廷送钱不仅是错的，而且是一种犯罪，既害了李嘉廷，也害了她自己。

2003年7月，云南省检察机关以邹丽佳涉嫌行贿，涉嫌伪造国家公文、印章和涉嫌挪用资金罪，将邹丽佳移送审查起诉。

【案例 2】

主要涉案人：李纪周
案例主题词：权钱色交易
官场潜规则："金银财宝最可贵，红颜知己价更高。"

促使李纪周发生蜕变的因素，除了他自己的主观意志外，与李莎娜的婚外恋是极其重要的环节。初识李莎娜是在1984年，时任公安部治安管理局副局长的李纪周到广州开会，负责会务工作的年轻女民警李莎娜苗条婀娜的身材和白净细腻的皮肤，给李纪周留下了深刻的印象；他看到李莎娜时神不守舍的样子，也给广州的同僚留下了深刻的印象。这也给以后事情的发展埋下了一个伏笔。

在李纪周被移交检察机关进入了司法程序后，传出一份李纪周的"悔罪书"，李纪周在其中写道："我在1992年下放广州公安局带职锻炼期间，与广州市公安局女民警李莎娜接触很多，时间长了，两人的关系越来越密切，由于我思想不坚定堕入情网。后来又因为她而乱用职权，干预下面办案，最后造成梁耀华的'新英豪公司'走私得逞，而我犯下了严重的渎职之罪。"事情的发展正如李纪周所说。

事隔八年，李纪周1992年到广州市公安局挂职锻炼任副局长，同是副局长的赵某清楚地记起八年前的情景，并精明地意识到此副局长绝非彼副局长所比，他顺其自然地投李纪周所好：李纪周腿残疾，远离北京，抛家舍业，支援广州，应该照顾。于是乖巧地安排李莎娜照顾李纪周。此时的李莎娜刚刚离婚，李纪周原本有意，两人又是朝夕相处，日久生情。李莎娜与李纪周的畸形恋达到一定程度后，再也不甘心继续当一名小警员了。她的一位朋友察知了她的心思,主动找到当时做走私生意已有名气的梁耀华,向梁耀华吹嘘李纪周能量如何可观,前途无量,并暗示李莎娜与李纪周的关系非同一般。这番话深深触动了早想扩大走私生意的梁耀华,他心里暗暗打定了主意:"走私生意有了这棵大树……"自此,李纪周的"人才档案"存入了梁耀华的资源库中,李纪周成为他的重要公关对象。只是他当时没有机会与李纪周直接打交道,他在耐心地寻找巴结李纪周的机会。

中华见义勇为基金会成立之初,李纪周特意回到广州筹措资金,希望能拉到一些有钱商人的捐助。广州市公安局领导郑某推荐了梁耀华,可李纪周对梁耀华的第一印象并不好。在李纪周的眼里,郑某推荐的这个人说话直来直去,素质很低,缺乏品位。在走私黑道上闯荡的梁耀华岂能看不出李纪周对他的心态,但他不会也不敢计较李副部长对自己的厌恶,仍然热心捐款。梁耀华有着如意算盘,要把自己的走私生意做大,最重要的是政府部门里面的靠山。他自认为广州方面的"人才资源"开发得差不多了,倘若能拉上公安部负责交通、边防等要害关口的李副部长做后盾,他就能"天地线达通"(李莎娜语),如虎添翼,放开手脚大干一番,到时候可就财源滚滚。于是,一条以李莎娜为桥梁,以李纪周和他的权力为护航保证的"黄金线路",在梁耀华的头脑里成形搭建起来。他的具体计划是拉上李莎娜成立公司,就有了李纪周这个强硬的靠山。为了实现自己宏伟的目标,梁耀华特意出资成立了新英豪发展有限公司,送给李莎娜30%的股份。有30%股份的刺激,李莎娜办事当然格外卖力,梁耀华不久就通过李莎娜得到了李纪周的帮助,将新英豪公司挂靠在公安部道路交通协会。有了这个挂靠,梁耀华更加气粗胆壮,到处吹嘘他的公司是公安部下属单位,在走私同伙中身价陡增。

新英豪公司成立后主要是做汽车生意,连梁耀华本人都承认,新英豪公司所做的汽车生意摆在法律上严格地讲都不合法,是在采取偷逃关税的方式赚钱。偷逃关税的方式主要是以多报少、以新报旧、拆开整车等。梁耀华为了给走私进一步提供方便,想成立保税仓。由于成立保税仓条件要求非常严格,并需要层层审批,何况梁耀华十分清楚事实上他的公司根本不具备条件。在这种情况下梁耀华还要建保税仓,就是他相信李莎娜会找李纪周给帮忙。1995年,梁耀华、李莎娜等人到北京找李纪周帮助建立保税仓。有李莎娜亲自出马,李纪周哪里还管新英豪公司的条件如何,找到当时任海关总署副署长的王乐毅,提出了新英豪公司建立保税仓的要求。公安部副部长的面子就是大,新英豪公司很快拿到海关总署的批文,在广州番禺建起了保税仓。

靠上了李纪周这棵大树,梁耀华再与李莎娜联手,走私活动更加肆无忌惮。一旦走私货物被扣,李莎娜一打求援电话,李纪周准会毫不迟延地保全他们。

李莎娜通过李纪周帮助梁耀华解脱被查扣的走私货物的第一件事,发生在1995年初。1月4日,一艘装有8个40英尺集装箱的货轮出现在深圳黄田机场附近水面。据特情人员向深圳市公安局蛇口分局水上派出所报告,该货轮装有走私货物。派出所立刻派快艇拦截,将该货轮扣下,因涉嫌走私,等候处理。这艘涉嫌走私货轮的货物主人是梁耀华,得知货轮被扣的消息,梁耀华与李莎娜等在广州的中国大酒店商量解决的办法。李莎娜当着梁耀华的面给李纪周打电话,当时没和李纪周联系上。直至晚上9点多钟,李莎娜终于与李纪周联系上了,她把新英豪公司的货物被查扣的事告诉李纪周,要李纪周协调解决放货。此时的李纪周正在上海参加全国公安厅局长会议,会议休息期间他将深圳公安局长找来,指责他们在公海违法扣船。深圳市公安局长了解情况后,向李纪周解释,船不是在公海而是在我方的治安水域被扣的。李纪周很不满意,态度严峻,说:"他们不老实,做错了还不承认。"迫于李纪周的压力,蛇口公安机关在没有查清问题的情况下,于1月6日将查扣的货轮放行。

事情仅隔了两个多月,新英豪公司的一艘装有12个集装箱的货运船"粤海325号",于3月23日被深圳市公安局蛇口分局赤湾派出所查扣。查扣的原因是货运船上装的汽车总成超过60%,而且还有3.0以上的宝马、奔驰等牌号的高档车，涉嫌走私。这次仍然是由李莎娜找李纪周帮忙放货。李纪周得知情况后，立即给深圳市公安局打电话："新英豪公司是公安部的公司，你们看货物究竟有没有问题，有就依法处理，没有就赶快放行。"深圳市公安局告诉李纪周，货物已经过商检局鉴定，车身总成超过60%，而且全是去掉保险杠的新车，已构成走私。李纪周却表示，货物性质应当由海关来定。在此期间，梁耀华专门陪同李莎娜到北京去找李纪周帮忙，并对李纪周提出一个请求，希望他派人去广州处理此事。李纪周是真给李莎娜面子，果真派员去广州处理此事。最终，深圳市公安局迫于压力，只好按李纪周的要求放行。

有李莎娜的面子，李纪周不但多次为梁耀华的走私保驾护航，还出面为李莎娜向梁耀华要了300万元港币买房子。1994年11月，梁耀华、李莎娜等人去北京，在王府饭店住下后，同行的汤松新到李莎娜的房间说，如果你到香港定居，梁耀华答应给你300万港币在香港买房子，但是要李纪周出面当面谈梁耀华才会给钱，才能敲定。李莎娜听到这个消息有点喜出望外，当下表示会单独给李纪周讲的。李纪周当天来王府饭店，李莎娜和汤松新把李纪周接到李莎娜的房间，汤松新把为梁耀华帮了忙、梁耀华要给李莎娜300万港币买房子、又怕梁耀华过河拆桥不给钱的担心告诉了李纪周。李纪周说，梁耀华在广州的口碑不好，你们要小心他。梁耀华给李莎娜300万也可以，先有个落脚点，不必住人家的房。当汤松新提出由李纪周出面谈300万的事，李纪周马上答应。待汤松新离开，李纪周关切地对李莎娜说，300万在香港买不到什么好房，在香港房子别太大，只要干净，交通安全方便就行。梁耀华来到李莎娜的房间后，李纪周直截了当地说："梁耀华你拿300万港币给李莎娜，你不能白给，李莎娜也不能白要，以后公司赚了钱再还你。"梁耀华要给李莎娜300万港币，原本也是为了讨好李纪周，一听李纪周的话，马上表示300万港币不用还了。到了1995年7月，李莎娜拿到了赴港单程证，就从梁耀华手中拿到了300万港币，接着在香港买了一套住房，并把情况告诉了李纪周。从听说梁耀华要给钱买房，到从梁耀华手中拿到钱买了房，李莎娜给梁耀华找李纪周办事更加卖气力，多次找李纪周帮忙放行梁耀华涉嫌走私的货物，大多是在这前后发生的。

　　为讨情妇李莎娜的欢心，李纪周不惜滥用职权，大胆妄为，只是他绝不会料到，自己东窗事发，与李莎娜大有关系。由于新英豪公司在一段时间内走私过于厉害，在广东沿海一带非常招人注意。新英豪公司走私屡屡得手，势必也影响了走私同行的生意，再加上其他一些原因，有人几次向广州方面举报，却迟迟未能得到确切的回音。这时有知情的高人指点说，这家公司有"李（纪周）老板"作后台。举报人恍然大悟，重新收集证据，并且直接把举报信递到了中纪委。毫无疑问，递到中纪委的举报信中，李纪周与李莎娜的"作风问题"是重要的举报内容。这封内容翔实的举报信引起了中纪委的重视，经过初查，李纪周在1998年12月被"双规"。

只图今朝乐　哪管法与德

【案例1】

主要涉案人：麦崇楷——广东省高级人民法院原院长，因受贿罪被判处有期徒刑15年。
案例主题词：性丑闻
官场潜规则："权钱兼备须尽欢。"

夜总会、卡拉OK里的轻歌曼舞，洗桑拿时享受"一条龙"的异性按摩服务，使得麦崇楷春心荡漾。他已不再满足仅靠别人来安排"三陪"小姐全力侍候，而是主动按自己的意愿向美色发起攻势。1995年初，麦崇楷到某市培训中心开会，恰逢身材适中、三十岁出头、颇有女人味的副总经理"红玫瑰"接待，两人臭味相投，各有所需，谈天说地格外投缘，彼此大有相见恨晚之意。不久，麦崇楷又到该市出差。当晚，他按捺不住打电话给"红玫瑰"，离异独身的"红玫瑰"欣然赶到了酒店与他相见。麦崇楷一见风骚娇媚的"红玫瑰"，便不能自制，上前拥抱住她，苟合在一起。在麦崇楷眼里，小他29岁的"红玫瑰"风情万种，善解人意。他常对"红玫瑰"说，只有和她在一起才感到"异常亢奋"。而"红玫瑰"早就想攀附大靠山，如今面对有权有势的省高院麦院长，她显得更加温柔多情。有了"第一次亲密接触"，麦崇楷变得肆无忌惮，此后多次借故到该市与"红玫瑰"约会。

欲火烧身的麦崇楷当着下属的面，也不遮掩他与"红玫瑰"的关系。有一回，麦崇楷执意要在"红玫瑰"家过夜，让秘书和司机第二天早上再来接他。秘书和司机看到昔日朴实能干的领导变成这个样子，痛心地婉言相劝。麦崇楷不仅不听，还不容分辩地对他俩说："没事的，你们回去吧"。从那次起，麦崇楷再到"红玫瑰"家过夜，了解了麦院长喜好的秘书和司机就不敢多言。

为了追求更大的刺激，同时也为了掩人耳目，麦崇楷托人用假名给自己和"红玫瑰"办理了赴港澳通行证，两人经常结伴到香港、澳门风流快活。随着两人狼狈为奸，麦崇楷与"红玫瑰"的关系几近公开化，他携"红玫瑰"今天去深圳，明天回广州，出双入对，形同老夫少妻，根本不避人耳目，两人的情人关系一直持续到麦崇楷案发。

"红玫瑰"在麦崇楷面前尽显温柔，麦崇楷对她也是关爱有加。港商张某得到了麦崇楷的关照，在麦崇楷到香港办事期间，专门到麦崇楷所住的丽嘉酒店，奉上感谢费50万元港币。钱拿到了手里，麦崇楷首先做的是迫不及待地讨好"红玫瑰"，打电话让她立刻来香港一趟。为博红颜一笑，麦崇楷这次送给"红玫瑰"港币30万元。

施展温柔的同时，"红玫瑰"也会张口要麦崇楷效劳。一次，一番快活之后，她对麦崇楷说："我们经常在一起，单位的宿舍不方便，我想买一套商品房"。麦崇楷一听情妇要筑两人的"香巢"，就向港商张某的朋友林某提出房子的事。林某巴不得有机会为麦院长出力，二话不说就从本公司开发的商品房中拿出一套两室一厅的房子，送给麦院长的情妇，并开具了一张"收到房款40万元"的假收据。

有了风情万种的"红玫瑰"，麦崇楷还嫌生活不够刺激。一个偶然的机会，他认识了更加风骚、更加迷人的"白玫瑰"。"白玫瑰"为了能在打官司中捞到好处，早就想在省高院找个能"定江山"的人物，这回碰上了省高院一言九鼎的"一把手"，她使出了浑身解数。不久，面对频频"放电"的"白玫瑰"的大举进攻，色迷心窍的麦崇楷哪里还能经得住诱惑，很快与她泡在一起……

1996年，麦崇楷到北京开会。只不过相隔了一天，他便压不住心中的欲火，打电话给在广东的"白玫瑰"，要她赶快飞来北京。"白玫瑰"一到北京，麦崇楷就急不可耐地拥着她纵情山水，出双入对……麦崇楷迷恋女色真是到了肆无忌惮的地步，就连独生子麦永成也禁不住说："我爸玩女人玩疯了"。由此可见麦崇楷腐化堕落到了何等程度。

不管麦崇楷如何春心荡漾，毕竟是年逾花甲的人了，为了让自己能应付年轻女子们的需求，也为了让他的情妇们不"小看"他，麦崇楷还不惜花重金请人从国外买补品、春药，用以滋补身体。

【案例2】

主要涉案人：张二江——湖北省天门市原市委书记，因受贿罪被判有期徒刑14年。

案例主题词：淫乱

官场潜规则："偷花窃香，小事一桩。"

张二江除了爱钱财，就是爱女人，用他自己的话说，就是"放纵性欲"。据张交待，从1989年至2001年7月的12年间几乎平均每个月都有一名女性被他玩弄。发生关系的女性当中，有党政机关干部、企事业单位职工，还有保姆等，仅"三陪女"就有数十人；为他"介绍关系"的人中有个体老板、商人、朋友、还有秘书、司机、亲属；淫乱的地点有宾馆、住宅，还有办公室；淫乱行为遍及丹江口、天门、武汉、襄樊、嘉鱼、仙桃、十堰乃至北京、广州、东莞、南洋、三亚、温州、福建等地。

关于张二江的108个女人，有消息灵通人士透露：除其妻外，张二江在丹江口任职时有过77个女人，在天门任职时有过30个女人。

张二江如此放纵性欲，是有"理论"作先导的。在他的藏书中，有《性知识手册》、《性修炼》等，还有《肉蒲团》、《新金瓶梅》等一批淫书和淫秽光碟，常从中寻找刺激，就是在出国考察中，也禁不住要收看一些西方国家电视性频道赤裸裸的性展露。张二江案发后，调查组查获并经有关部门鉴定，确定为内容淫秽的书籍22本，光碟12盘。

且略举数例，以展现张二江的污秽面目。

2001年4月的一天晚饭后,在天门经营快餐店的福建省福清市个体老板H按张二江提出的标准,到发廊找到卖淫女Z,提前付钱后将Z带到张二江家,张与Z发生了性关系。时隔不久,Z在发廊看电视偶然见到张二江在大会上作报告,觉得很面熟,仔细一看,不禁愕然感叹:"这不是跟我干那个的人吗,没想到这么大人物还干这种事!"

张二江几乎不可一夜空床,经常指使自己的表侄子和身边工作人员充当"皮条客",为其物色符合其标准的女孩,供其玩弄。1996年至1997年底,张指使表侄苏某先后将20余名女性带到家中供其玩弄。1998年12月底,张调到天门后,苏某因到天门时间不长,一时未能找到合适的小姐,张骂他是"近视眼"。张将在丹江口玩弄过的几位小姐的ＢＰ机号码抄给苏某,让苏叫他们到天门来玩。苏隔三岔五地召这些女孩子来天门,到张家供张嫖宿,并为张付嫖资。到外地出差时,张二江经常吩咐身边的工作人员"到街上转转,有好的就带回来。"2000年9月,张二江带队到东莞招商引资时,甘某按照张的要求先后找了三名卖淫女带到张住的房间嫖宿;2001年1月,张二江带队到北京召开天门同乡会时,指使甘某找来一卖淫女供张嫖宿……

张二江虽有以权谋色的优势,但两厢情愿者甚少。为此他一方面向他喜欢的女性宣扬西方的性开放,动员她们"只要两厢情愿,不妨相好,结成性伙伴。"一方面以金钱、小礼品为诱饵,以小恩小惠相哄。每次玩弄女孩后,他或是拿出三百、五百现金相送,或以戒指、项链相赠。张二江到澳大利亚考察时,一次买澳宝钻20多枚,全部送给了来他家被他玩弄的女孩。张供认,仅这类开支就有10多万元。最为恶劣的是,他还多次与多名女性同床淫乱。只要他看中了的女性,就逃不脱他的魔掌。

1996年9月的一天,张二江在某招待所吃完中饭后,一名服务员将张领到房间休息,并提出调动工作的想法,张答应,叫她进房间。张夸其像清代美人,并要发生性关系,被拒绝。张叫其想通了再找他。最终利用权力逼其就范。张还多次同时与2名女性,甚至两姐妹发生性关系，左拥右抱，毫无廉耻。

张二江为满足自己淫乱的欲望，还违反社会道德，长期包养情妇。

张二江任丹江口市市长的第二年就和宾馆服务员A鬼混在一起，为A办理"农转非"户口，调动了工作，后又送她上武汉大学成教班"包装深造"每年出资近万元为A交纳学费和食宿等费用。1994年，张妻留学回来，A提出与张分手，不再保持情人关系，张不同意。为避人议论，张二江托武汉某公司董事长B将A安排在其公司上班。同年12月，张二江在武昌购买住房一套，并装修、购置空调、炊具等物品，供A居住。张到武汉时在此与A同住。A亦利用节假日到天门与张同住。让常人不可理解的是，张二江在与其妻未办离婚手续的情况下，与这名未婚女子长期保持非法关系，同时又背着她们干了大量玩弄女人的坏事。或许是良心受责，张二江对A出手十分大方，在他们相好期间，张送A的钱物有：人民币45万元、5000美元、港币800元、金戒指3枚、金项链2条、飞亚达表一只、电脑2台（其中笔记本电脑一台）、小型摄影机一台、录放机一台、照相机一部等。

按语

某些身居高职的领导干部，平日里道貌岸然，暗地里却干着偷鸡摸狗的下流勾当，真让人嗤之以鼻！鲁迅先生曾揭露过这类人，他们无论打着什么"主义"、什么"旗号"，但骨子里只有"金钱"和"女人"，他们的思想境界永远只有这么高，就像那个阿Q，嘴里也喊"革命"，而心里惦记的无非是赵太爷的财产和吴妈的姿色。

贪官们的思想境界为何低得可怜？从他们的读书记录中可见一斑——

江西省原副省长胡长清经常读的书是：《肉蒲团》、《素女心经》、《金瓶梅》，读完后学的是有模有样，养情妇、嫖妓女，躺在床上一边读一边练，反复研读，细心体会，实践出真知，最后得出的结论竟是："妓女和做官是最相似的职业"。

辽宁省沈阳市原副市长马向东爱看赌博指南一类书，他17次坐飞机前往澳门豪赌，输掉公款4000万元人民币，他在中央党校学习期间，还随身带着《赌术精选》《赌博游戏技巧分享》《赌术实战108招》等书。不过，因为他用的是公款，书读得再多，赌技也平平。

山东省泰安市原市委书记胡建学爱看《麻衣相法》《柳庄相法》《相术大全》等相面书，精心研究，常常找人算卦，一次听某位"相学大师"说他命中显示可当上国务院副总理，只是还缺一座桥，于是他颇费苦心，让一条国道改线，强行越过一座水库，以便修建一座桥……结果是桥还未建成，自己却真的倒了下去！

——从这里，我们似乎能够寻找到贪官们心灵堕落的一丝痕迹。

一朝权在手　看中谁是谁

【案例】

主要涉案人：众贪官
案例主题词：性丑闻
官场潜规则："我有权，看中谁是谁！"

有人认为，只要有了权，情场上战无不胜。一位贪官曾说："我有权，看中谁是谁！"——这难道是权力的"淫威"？

有些腐败官员贪财好色，一有权力就把这种本质表现出来，这的确是一种堕落。在有些地方，某些女人也堕落，而且是自甘堕落，投入色情与权力交易，巴不得在官场找到"市场"，有了一点姿色就时刻想着"待价而沽"。

有一个贪官叫毕玉玺，贪了多少先不说，"花边新闻"可算拔尖。他找一个小姐捏脚，那小姐谈起她想买房子，正缺钱，毕出手就给了这位小姐20万元。捏一次脚就甩给小姐20万元，这个新闻曝出来，娱乐效果可就大了，可以让国人震惊。从揭露出来的贪官看，与女人无关的真不多，有一个叫孟庆平的原湖北省副省长，曾被人称之为"花省长"，就是太好色。据孟自己表白，他和他的情妇"都是真感情"，他以为自己多么帅，多么有魅力，可"情妇"们背后讲：他如果没有这么大的权，女人们恐怕不会把他当棵"葱"！有权的堕落的官员好色，有色相资本的堕落的女人爱权力,这样他们就"一拍即合"了。当年河北抓出个贪官李真,不知怎的,对他的"花边新闻"的报道各媒体都落后了一步,很多人以为李真不好色,很"正派",没有这样的劣迹,后来对李真的报道越来越全面,人们才知道,原来李真有"妻妾成群"之誉。

贪官为什么偏和女色搅在一起呢,抓出一个贪官来,身后就有情妇团队,这绝不是偶然的现象。腐败和堕落不只是从几个贪官身上表现出来,还有社会土壤。一个女人靠色情傍官傍权,不被人视为耻。一些"良家女",为什么一见了官和权就"思想解放"了呢?有些官员就在属下的眼皮底下乱搞女人,却无心理负担,这又是为什么?原因只有一个:在被腐败空气污染的社会环境中,那些缺乏良知和道德观念的人,在面对权力时"贞操"都显得那么脆弱!

其实,性关系本身应属道德问题,但当性关系成为公权交易的砝码时,它就成为了刑法问题。将性贿赂入罪,必将是大势所趋。

性贿赂的内容是权色交易,其本质是出卖国家公权换取不正当性利益,这与经济贿赂是相同的,其危害性甚至有过之而无不及。在性贿赂泛滥的社会现实之下,将其入罪具有必要性和迫切性。

首先,性贿赂已成为一种非常普遍的权力腐败形式,且有愈演愈烈之势。据相关统计,被查处的贪官95%都有情妇,腐败的领导干部60%以上与包"二奶"有关。刑法的根本功能在于解决社会问题,刑事立法应追求务实,顺应社会需求。

其次,性贿赂社会危害性极其严重。在贪腐官员已有相当雄厚的灰色、黑色经济实力的情况下,性的诱惑更能吸引他们,而不正当性利益往往会令人作出更为巨大的权力"奉献"。性贿赂滋生了更为严重的权力腐败,引起了公众的强烈愤慨,对其进行刑罚制裁已成为社会共识。根据中国社会调查所（SSIC）的调查，69.9％的公众认为权色交易现象严重，84.7％的公众认为应该增加"性贿赂罪"。

再次，以刑罚手段遏制性贿赂更具有效性。当前性贿赂不能构成犯罪，一般也不能认定为违法（如果不属卖淫嫖娼），主要是依靠党纪、行政纪律予以处理，被定性为"作风问题"。纪律措施执行力度本来就不大，执行效力本来就不高，再加上督管者与被督管者之间的人情关系，互相掣肘、投鼠忌器时有发生，大事化小、小事化了成为常态。依靠自查自纠、道德修养等柔性手段来解决此问题，已被现实证明为不切实际。而刑罚制裁更具严肃性和公正性，刑罚制裁的确定性增大了遏制的力度，刑罚的严厉性增加了作奸犯科的成本。

总之，惩治贪官，就要全面地"治"。贪财与猎色是很难分开的，至少可以说："十贪九色"。这里似乎有内在的规律。因为有了权，就便于贪财；贪了财，就有了猎色的资本。同时，猎色也是贪财的动力。

如果说，"贪财"与"猎色"是贪官的两大目标，那么，"弄权"与"造假"便是贪官实现目标的两大手段。我们要不断地戳穿之！

弄权经

一切均我赐　唯吾乃独尊

【案例】

主要涉案人：欧阳德——广东省人大常委会原副主任，以受贿罪被判处有期徒刑15年。

案例主题词：居功自傲

官场"密经"："是我赐给了你们一切，在我面前，你们只有溜须拍马的权力！"

　　翻开欧阳德的档案，会看到他曾有着一份不止是干净而且不乏光彩的履历。欧阳德是在1949年8月参加革命的，参加过土改，做过农村共青团的工作。后因他工作积极，表现出色被吸收进干部队伍。他在银行当过办事员，当过副主任，"文革"前担任了东莞县监委副书记。在此期间，他勤于公务，口碑甚好。"文革"后，他从公社党委书记逐步晋升为东莞县委书记。此时的欧阳德依然是清廉勤勉的，而且政绩显著，带领东莞县步入了全省先进县的行列，但他并不居功以权谋私。他这时最令人感动之处是，他在县委书记的位置上没白天没黑夜地忙于工作，妻子独力支撑着家庭拉扯着五个孩子在老家务农，他从未张口提过要解决妻子儿女的户口"农转非"问题，赢得了普遍的称赞。

　　改革开放之初，欧阳德被提拔到惠阳地区任行署副专员，随后又任地委副书记、行署专员。1988年，东莞升格为地级市，欧阳德调回了东莞，担任东莞市委书记。在改革开放的浪潮中，他把握住了时代的脉搏，敢于弄潮，以"大手笔"积极推进东莞市的改革开放，使得东莞经济迅速崛起，雄踞于广东"四小虎"的虎头之位。今日的东莞，经济活跃，工商业繁荣，不逊于西方发达国家的宽阔马路四通八达……这里面不能不说包含着欧阳德的一份贡献，几份心血。在市委书记任上，欧阳德也曾有过"拒腐蚀，永不沾"的美谈。一次，一个来东莞投资的港商为了获得更加优厚的投资条件，在一次会谈之后给欧阳德留下了一张去香港的机票和一封信。欧阳德打开信封一看，里面的主要内容却是一张50万元港币的支票，并邀他乘飞机去香港取款。欧阳德当即找来秘书坚决退回。两个月后，欧阳德又见到了那位港商，说了一句足以为党员干部脸上增光的话："你投资我欢迎，但不要搞这个！"

市委书记开明、能干、清廉，欧阳德这个名字一度被东莞人民拥戴，并引以为豪是理所当然的。

1994年3月，在广东省人大会上欧阳德当选为省人大常委会副主任。

当选为省人大常委会副主任，使欧阳德走上了仕途的顶点。然而，随着职务的升高，权力的增大，捧他场的人越来越多，射向他的糖衣炮弹密度和数量也越来越大，欧阳德也慢慢地躺在过去的"功劳"上开始伸手获取"报酬"了。位高权重的欧阳德一旦思想防线大堤出现了"蚁穴"，接下来的便只有迅速地崩溃了。特别是当他临近离休年龄时，"有权不用，过期作废"的思想久久萦绕于心，促使他的贪欲恶性膨胀，过去那个清廉勤勉的欧阳德一去不复返了。

在欧阳德担任市委书记后几年的时间里，公务已不是他所关心的重点了，他绞尽脑汁关注的核心，已转移到位子、票子、车子、房子、孩子这"五子登科"的问题上，他手中的权力成为谋取个人私利的筹码。"总觉得从市委书记岗位上退下来，群众和组织不会再盯着我了，毋需再左顾右盼了"；"从党政一把手的领导岗位退出，意味着失权失势，抓紧多捞心理才能平衡。"这是案发后欧阳德的自供，也是他走上犯罪道路时心态的真实写照。

曾面对50万元港币支票不动心的欧阳德，在心态发生了重大变化之后，开始收受别人送来的钱物，甚至还开口向别人索取。欧阳德老家的镇党委书记同该镇某公司经理，带着一份申请外汇的假报告连同2000元的红包和三瓶洋酒一齐送到欧阳德家，欧阳德当即在报告上批示："如计委有额度，请给予支持。"有欧阳德的批示事情办成了，为了表示感谢，这个经理又两次往欧阳德家送现金和高级礼品，在欧阳德的默许下，他的妻子照纳不误。欧阳德索要财物有时到了不顾一点脸面的地步。有一次，喜欢喝酒的欧阳德到了香港，在港商的陪同下去逛商场，他在商场看到一件豪华精美的泰式酒柜，反复把玩，赞不绝口，结果陪同他的港商见他赖着不走，只好花重金买下送给他。

变化了的欧阳德骄纵贪婪日甚一日。作为东莞市委书记，他的座车并不差，但他仍然一换再换，成为广东省领导干部中坐奔驰600的第一人。欧阳德的住房也是够宽敞的了，但为了离休后能有个"修身养性"的地方，他依仗权势，在老家建起了一座豪华别墅。他还洗桑拿浴，接受异性按摩，陶醉于灯红酒绿之中……

逐渐地，欧阳德成为居功自傲、在东莞一手遮天的人物。1990年，欧阳德凭借着职权，在市内花巨资超面积建起了私房，他的私宅围墙竟然侵占了市老干部活动中心本来就很狭窄的地盘。当省委、省纪委对此进行查处时，他虽然曾在大会上作检讨，并且流下过眼泪，但心里根本没有接受教训，反倒认为组织上的批评、监督是"小题大做"、"存心找碴"。心怀不满的欧阳德要了一个两面派，表面上是检讨认错，实际上在调查组离开东莞不到一个月的时间，拆除的围墙又被他恢复了原样。

对欧阳德的变化，广大的干部群众也是心中自有评论的。1992年东莞市委换届选举时，以往甚得民心且担任多年市委书记的欧阳德得票少得可怜，几乎连市委委员都不能当选。对这样明显的人心向背的转变，欧阳德不从自身找原因，反倒是认为有人要联手整他。因此，在新一届市委的第一次常委会上，欧阳德竟像"南霸天"一样地抖威风："以后不再需要你们选我了，而是我选你们！"他说到做到，于是十几个他看着不顺眼的镇党委书记（东莞市辖下不设县）——被撤换，而让他觉得心里舒坦的干部一个一个地被提拔上来……欧阳德并不认为自己的作法有什么不妥，反而对监督越来越反感，直至在1993年的一次干部大会上，身为市委书记的欧阳德居然宣称要把市纪委的牌子从市委大院门口摘下来。只是由于省纪委书记狠狠地训斥了他一顿，他才算作罢。

"位子"在欧阳德心中的份量是很重的。当他当选为省人大常委会副主任后，有一位人大代表问他："年纪大了何不休息，"他的回答没有半句与"革命"、"贡献"沾边，而是赤裸裸地回答道："这是副省级，地位高，有专车……"欧阳德似乎是要弥补早年顾不上关爱孩子的遗憾，暗中送子女去香港定居，纵容子女经商谋取暴利。他的子女则在父亲的保护伞下胡作非为，大肆捞钱，一时间闹得东莞乌烟瘴气……

身陷囹圄后的欧阳德曾这样反思过自己的所作所为："我风风雨雨几十年，没想到弄成这个下场！我不怨苍天，只恨自己，业精于勤荒于嬉，行成于思毁于随。"

究其实，欧阳德的确是自己毁了自己。当他的地位升高、权力增大时，他的思想境界并没有相应地提高，反而由于个人主义、拜金主义、享乐主义的侵蚀，他的人生观、价值观发生了负变化，在灵魂深处出现了足以毁坏廉政大堤的蚁穴，一个曾颇有建树地改革开放的"弄潮人"，最终却无可挽救地崩溃了。

风光不靠才　全仗有后台

【案例1】

主要涉案人：和丽伟——云南省昆明市人和集团总裁，因诈骗贷款和非法持有、私藏枪支弹药罪，被判处有期徒刑12年。

案例主题词：骗贷

官场"密经"："我有后台，我怕谁？"

在昆明市春城路上，矗立着一幢豪华气派的"红楼"，楼顶的"人和集团"四个嵌金大字很是惹人注目。这里曾经也是车来人往，但如今却是无比冷清。造成冷清的直接原因就是人和集团总裁和丽伟案发入狱。案发前，在昆明要是说起人和集团总裁和丽伟，就连普通市民也大多有所耳闻。

人和集团总裁和丽伟曾让昆明市民充满了神秘感，28岁时就拥有了25家子公司，年轻有为的称赞声不绝于耳。其实，和丽伟的家庭背景相当普通。他于1966年2月2日出生在丽江的一个纳西族家庭，1984年9月高中毕业后参加工作，到勐海县人民银行做一名临时工。一个偶然的机会，和丽伟在工作中结识了当地的一个大老板，交流攀谈之中，这位老板诉苦说他的公司准备做一笔大生意，无奈周转资金不够，银行又不给他贷款，他真是急得团团转。此时的和丽伟虽然只是银行的临时工，但终究在银行工作，人熟路子熟，便答应可以帮助试试搞到贷款。通过和丽伟的上下活动和努力，老板终于从银行贷到了巨款，从而做成了那笔大生意。此后，这位老板心存感激，在他的极力引荐之下，和丽伟调入中国工商银行云南省分行昆明市支行，成为一名信贷员。

从县银行的临时工一跃成为省会城市支行的信贷员，给和丽伟施展才干提供了大舞台，也使他手中有了点权力。在一次次动用手中权力取悦客户换来些许好处的过程中，和丽伟越来越"开窍"了。经过几年的业务锻炼，和丽伟逐步成为支行内的业务尖子，他不仅对金融业务相当熟悉，对金融系统的各种弊端也了如指掌。

昆明支行丰裕的生活并没有束缚住和丽伟思想的活跃。1991年，在一位道上朋友的劝说下，和丽伟下狠心辞去干了八年的银行工作下海经商。这一年和丽伟才25岁。刚下海时，和丽伟连连呛水，花光了积蓄，搭进了借款，还赔进了向亲戚朋友借的资金，连个水花也没溅起来。和丽伟的"第一桶金"是1992年赚来的。那时，负债累累的和丽伟凭着商业眼光和精明，毅然承包经营了昆明金环酒店。短短一年时间里，和丽伟不但还清了欠款，还成为一个腰缠万贯的老板，也算初步实现了自己的梦想。之后，和丽伟又动用自己的原始积累与其妻罗音等人创办了伟信实业发展有限公司。这段时间，和丽伟的事业一路凯歌高奏，经过三年的闯荡和积累，和丽伟在昆明市商界同仁心目中成为响当当的"和老大。"1994年5月，时年28岁的和丽伟组建了云南人和实业（集团）公司，他自任总裁。

竖起人和集团的招牌和当上总裁后，和丽伟采用"互相参股"等形式，大肆扩张自己的地盘，先后在昆明注册成立了17家、在西双版纳成立了6家、在丽江成立了2家独立核算、独立法人的下属公司，使人和集团短时间内拥有了25家子公司。急剧扩张的集团公司却没有给和丽伟带来期待的效果，摊子铺得太大，发展得太快，集团的经济效益不但不理想，还呈一路下滑的态势。对此，野心勃勃的和丽伟不会善罢甘休。

　　从人和集团成立之初，和丽伟四处活动拉关系，就是想找棵大树遮风挡雨，集团公司经济效益不理想的状况，使他的这种愿望更加迫切。一天，一个道上的朋友神秘地告诉他，李嘉廷副省长对朋友很讲"义气"，不妨与李嘉廷走近一点。这位朋友的话正中和丽伟的心思。但怎样才能走近一点？幸运之神似乎再次光顾和丽伟，相见李嘉廷的机会很快就来了，和丽伟通过朋友介绍认识了时任云南省副省长的李嘉廷。只不过当时仅仅是认识了，要得到一个位高权重的人的关照庇护，仅仅认识是根本没有用的。

　　积累了财富也积累了经验的和丽伟，当然明白怎样才能与位高权重的人拉近关系。1994年，和丽伟到北京办事，似乎很随意，他"顺便"给也在北京的李嘉廷带了一些"小礼品"，这就是价值13000元的几件T恤衫和西服。第一次送"小礼品"一经李嘉廷笑纳，和丽伟送给李嘉廷的各种精巧"小礼品"就没有断过，他们的关系也随之越来越好。1996年3月，和丽伟在云南省政府驻北京办事处李嘉廷住的房间内，明目张胆地拿出一叠人民币送给了嘉廷，这笔钱是6万元。有不断送精巧"小礼品"的铺垫，和丽伟此次行贿送现金显得很自然，李嘉廷受贿也显得很自然，这在两人的关系史上应该是一次"重大的突破"。短短几年时间，和丽伟为达到牟取私利的目的，多次向李嘉廷行贿，共计人民币86000元，港币15000元。

　　为了拉近与李嘉廷的关系，和丽伟对李嘉廷除了出手阔绰外，也很会"做人"。1995年的一天，盛宴过后，和丽伟又陪同李嘉廷打起了网球。没打多久，网球场内飘然走进来一名女子，眉目之间风情流转，她就是和李嘉廷刚认识的徐福英。和丽伟当时还不认识徐福英，但看李嘉廷对她很"和蔼"，一起愉快地讨论着地产生意，并且爽快地答应为她搞一块地皮。八面玲珑的和丽伟，很快就从中看出了苗头。此次相遇之后，和丽伟经常主动约上他们两人共同出游。李嘉廷和徐福英本来就有意苟合，再加上和丽伟的有意创造条件，两人的关系日渐亲密起来。

在和丽伟的"糖衣炮弹"屡屡侵袭之下,李嘉廷成了和丽伟的"拜把兄弟",成了和丽伟及其人和集团的"大保护伞",和丽伟盼望有根大树遮风挡雨的时候来到了。和丽伟每每向金融机构要贷款之前,都是李嘉廷事先打电话找其负责人打招呼疏通关系,和丽伟再去办理。有了位高权重的李嘉廷的关照,金融机构为和丽伟贷款一路大开绿灯,让和丽伟骗贷的胆子越来越大,手越伸越长。

曾在金融机构工作了八年的和丽伟,不但熟稔金融业务,对金融系统的弊端同样了如指掌,因而他骗贷也显得得心应手。1996年8月27日,和丽伟找云南省工商银行国际业务部总经理张国仪(后被另案处理)谈好贷款事宜,便指使手下人以下属昆明汉莎餐饮有限公司名义,编造虚假贷款理由,使用虚假的抵押资产证明,骗取了云南省工商银行国际业务部贷款955万元。贷款一到手,和丽伟第二天就将其中的820万元非法转汇至香港的账户上,占为己有。同年9月3日,和丽伟再次指使手下人王某、陈晓娟以同一公司名义编造虚假理由,使用假房产证及假资产抵押证明骗取了云南省工商银行国际业务部贷款1245万元。和丽伟再次将其中的300万元非法转汇至香港占为己有,其余的款项则用于公司维持运作和归还到期贷款。

精明的和丽伟明白,要想接连不断从银行拿到大额贷款,固然离不开李嘉廷打招呼,但也需要自己在下面打好基础。出于长远考虑,和丽伟想方设法与张国仪成为"至交",并开始一步步将张国仪引入自己的圈套。1996年10月份,和丽伟得知云南航空公司有上亿元资金存在张国仪领导的国际业务部,就去找张国仪说:"张兄,听说云航有一笔钱存在你这里,我的公司资金周转目前有点困难,你看能否拿来临时用用。当然,是兄弟不说两家话,我不会亏待你的"。面对和丽伟开出的种种许诺利诱,张国仪怦然心动,把严格的规章制度抛在脑后,非法将这笔1.4亿元人民币的巨款分两次以"账外经营"方式挪给和丽伟使用。

挪用的这笔1.4亿元巨款到期后，和丽伟没有能力偿还，他也不想偿还，他是在用这笔巨款"套"张国仪。他又多次找张国仪商量再贷款，张国仪害怕自己非法挪用巨款的事暴露惹出麻烦，不得不同意再次为和丽伟贷款1.17亿元。从此陷入了恶性循环，张国仪为了让和丽伟尽快归还被挪用的1.4亿元巨款，不得不一次次给和丽伟办理贷新还旧手续。

在和丽伟疯狂骗贷的过程中，张国仪仅仅是被和丽伟设圈套套牢的金融机构的其中一人。昆明市工商银行行长张志明（另案处理）、云南省国际信托投资公司总经理吴云生（副厅级，一审判处6年）、副总经理傅磊（正处级，一审判处5年）也纷纷被和丽伟设计套牢，不得不为他骗贷效力，最终都落入法网。

不知情的人们根本不会想到，一个下属25家子公司的大集团，其实一个个都是徒有虚名的空壳公司，至今无一家产生利润。最风光的时候，也是依靠银行和其他金融机构贷款维持经营。

弄虚作假贷款诈骗犯罪所得到的巨款，在很大程度上满足了和丽伟的虚荣心，也实现了他"一掷千金"的梦想，不思公司经营，整日挥霍无度。为了笼络道上的朋友，和丽伟不惜出巨资以过生日为名包下了昆明市一家档次、消费最高的大酒店，摆上三、四十桌酒席，觥筹交错，场面十分壮观。借此机会和丽伟往往给来庆祝生日的政府官员等每人送上一个大红包，里面少则上千，多则上万，可见当时和丽伟拿着从国家银行骗到的钱是何等的"风光大方"。

一次次地贷款诈骗成功，更加使得和丽伟沉缅于金钱的光环之中。在美丽的西双版纳，和丽伟名下的人和集团设有6家子公司，这里成为和丽伟经常流窜的驿站。在西双版纳240界碑有一家规模较大的地下赌场，大多是一些"社会名流"汇聚相互较量比财的地方，为了寻求刺激，和丽伟经常到此来豪赌。面对白花花流出去的金钱，和丽伟并不心疼，反而觉得是一种享受，输个十几万元他连眼皮都不眨一下。和丽伟不单自己来赌场寻求刺激，那些被他拉下水的"社会名流"也被他带到赌场里享受"博"钱的快慰。不必表白，那赢了的小钱全部装入他们的腰包，那些输了的大钱全部都记在和丽伟的账上。

或许是做贼心虚，和丽伟通过黑道上的人购买了一些枪支、弹药，对手下的"心腹"进行了武装。在某些问题上，和丽伟运用白道解决不了的事，就动用黑道的方式来解决，自然少不了火拼。他还把买来的枪支送给好友。昆明市商业银行康达支行的周某，是和丽伟的好友。1995年，和丽伟从境外弄来了一些枪支、弹药，周某得知后找到和丽伟说也想弄一支枪玩玩，和丽伟便送给周某一支12号军警用制式霰弹猎枪，霰弹若干。至案发后，专案组才从周某家卧室床下查获此枪及霰弹15发。

虚假的光环迟早会被戳穿，和丽伟诈骗金融机构贷款之路必将走到尽头。2000年2月28日，云南省监察厅将有关云南人和集团总裁和丽伟等人涉嫌诈骗贷款犯罪的相关材料移交给昆明市公安局。就在和丽伟感到大事不妙准备出逃时，他被公安机关以涉嫌诈骗贷款犯罪刑事拘留。同年3月20日，和丽伟被批准逮捕。

伴随着李嘉廷受贿案尘埃落定，和丽伟的真实面目彻底曝光，正是李嘉廷的庇护，为和丽伟疯狂骗贷创造了条件。经查实，1994年上半年至2000年7月，李嘉廷利用职务之便为10人谋取利益，除了他的情妇徐福英之外，受益最大的便是和丽伟了。有关部门还查实，和丽伟自1994年以来，以人和集团下属公司名义在昆明各家银行和其他金融机构先后办理人民币贷款203笔，共计10.2129亿元；办理美元贷款3笔，共计720万美元。至案发时，和丽伟仍欠款项3.1653亿元人民币无法归还。有媒体鲜明地指出，和丽伟诈骗贷款案是建国以来最大的金融诈骗案。

在和丽伟诈骗贷款案侦破时，专案组又获悉和丽伟等人非法持有、私藏枪支弹药犯罪的重大线索，顺着线索追查，于2000年8月14日在浦某家中查获和丽伟托张某（人和集团办公室副主任）、李某（人和恒信典当行会计）保管并转移到此藏匿的枪支3支、子弹613发。9月11日，在西双版纳240界碑赌场内查获和丽伟转藏匿于此的12号军警用制式霰弹猎枪7支、松鼠牌猎枪1支。

2003年4月23日，和丽伟案开庭审理。6月20日，和丽伟因诈骗贷款和非法持有、私藏枪支弹药罪，被昆明市中级人民法院判处有期徒刑12年，并处罚金50万元。

对和丽伟来说，李嘉廷可谓"大树"。借这棵"大树"，他本以为会猖狂一世，没料到"树"再大，也有倾倒的时候，他自身也落得个身败名裂的可耻下场。

【案例 2】

> **主要涉案人**：程维高——河北省原省委书记兼人大常委会主任，因严重违纪被开除党籍，撤消正省级职级待遇；程维高的两任秘书吴庆五、李真，分别被判处死缓和死刑。
>
> **案例主题词**：秘书依仗上司职务影响进行犯罪活动
>
> **官场"密经"**："领导身边的人等于领导。"

前后两任秘书吴庆五、李真违法犯罪分别被依法判处死缓和死刑，程维高对他们利用其职务影响进行犯罪活动，负有重要责任。

客观地说，程维高严重违纪问题被揭开是有征兆在先的。还在是2000年，当程维高的两任秘书吴庆五、李真先后被抓，民间的传言就不绝于耳，在那个特定的敏感时期，只要程维高连续几天没有在电视上露面或在报纸上露名，关于他被"双规"的传言紧接着就会在省会石家庄甚至全省传开。

"李真和吴庆五早就'出名'了，人们能不关心秘书身后的大人物吗？""两任秘书都被抓，领导可能干净吗？"这样的说法在当时颇为流行。

吴庆五和李真都做过程维高的贴身秘书，吴庆五的资格还要更老一些。早在程维高任职南京市委书记时，吴庆五就成为程维高的秘书，后来又跟着程维高去了河南，之后又来到了河北。1993年，官至河北省政府办公厅副主任的吴庆五辞职下海，举荐李真顶替他的位置担任程维高的秘书。

根据司法机关在中纪委查处程维高之前公布的案情，李真与吴庆五都曾利用特殊地位、职务便利，做过一连串违法乱纪的事情，而自吴庆五辞职下海经商后，两人更是利用事先商定的"一政一商"的关系狼狈为奸，数以千万计的国有资产在他们的精心策划下，改变了属性流入个人私囊。

2003年已是74岁的老干部，河北省原省委常委、纪委书记刘善祥讲述了亲身经历的一件事：那是在1993年10月，一家投资公司的负责人张铁梦从银行里贷出5000万元，这笔贷款在他所在的公司帐上稍作停留，相当部分即流转到了吴庆五和李真的手上。检察机关发觉张铁梦有逃逸的可能，于是对其立案批捕。刘善祥说，他当时要求对此案一查到底。因为案子涉及到李真，他就专门找程维高，想把李真先从程维高身边调离，方便调查工作进行。

在20世纪80年代曾担任过张家口市委书记的刘善祥，自然要比省委机关的其他人更加了解从张家口市调来的李真。他介绍说："我知道李真的品德。从一开始就不主张程维高用李真做秘书。我跟程维高说，河北稳定不稳定就在用人上，在你身边不应该用李真这样的人，谈了几次，程维高听不进去，最后谈翻了，不欢而散。"这样一来导致的结果是：张铁梦远逃国外，李真则毫发无损，国家却蒙受了重大损失。刘善祥说，他也因此成为李真等人的眼中钉，后来还莫名其妙地被免去了职务。

对李真所作所为有看法的，在河北省绝非是刘善祥一个人。一位曾长期在河北省担任领导职务的老干部说："很多人反映李真的问题，但程维高有一次在小范围场合上说'李真没有什么问题，我查了。'这不是此地无银三百两吗？李真有没有问题应该由组织上去查，你一个省委书记亲自去查秘书的事？"不管别人怎么议论，反正程维高对所有不利于李真的看法，根本听不进去不说，反而不顾一切地不断提升李真的职务，让品行不端的李真年纪轻轻就手握重权。

"程维高秘书的能量太大了。"这是许多人从不少事情中得出的共识。一位曾主管过经济工作的河北省老干部说："吴庆五在担任省政府办公厅副主任时,要求给河北省驻深圳办事处拨600万元,我当时刚从深圳回来,觉得那里的工作很混乱,不放心,因此没批。吴庆五跳开我,直接找程维高批,最后批到的数额比600万还多。"

"人事腐败是最大的腐败!"一位河北省老领导说,"失去监督的权力与拒绝监督的权力结局都是毁灭性的。"

从初到河北的"敢于碰硬"到逐步转化为"独断专行",程维高弄权的最终结局印证了这一点。在程维高担任省委书记以后,河北省连续有多名贪官被查处。河北省人民检察院检察长侯磊介绍说,仅李真一案,就查处了包括7名厅级干部、14名处级干部在内的46人。而河北省国税局的一份报告这样写道:李真等人案件牵扯到县局以上领导干部67人,其中40名是"一把手"。

为什么在一些地方,领导身边的人往往无人监管,甚至胡作非为?究其原因,还在于领导本人是否有监管的诚意和力度。领导若放纵身边人员违法乱纪,必然造成祸害。

【案例3】

主要涉案人：程维高
案例主题词：滥用职权
官场"密经"："霸道来自靠山硬。"

李真家居住在省会桥西区，每天往桥东区省国税局上班，他乘坐的车从来不管绿灯、红灯而"勇往直前"。老交警一看是他的车谁也不敢拦。一次，在距省国税局处不远的平安大街十字路口，有个新交警刚上班，不知闯红灯的是李真开的车，命其停车后上前收他的驾驶本。李真把车窗摇下来，吐了这位交警一脸唾沫，然后驾车扬长而去。这位交警得知李真的背景后敢怒不敢言，只好将怨恨和泪水咽到肚子里。

一名军转干部分配到石家庄市某局任副局长。一天晚上，局领导班子在某酒店为他接风，不巧与李真在同一酒店吃饭。局长不敢怠慢，紧忙去给李真敬酒。过了一会儿，李真过来回敬，由于这名转业干部不知道李真是何许人，便没有站起来。李真见大厅广众之下竟然有人敢不站起来向他敬酒，有点气坏了，回到家就给石家庄市的一个领导打电话，让把这个转业干部的副局长职务给撤了。这名倒霉的转业干部得知闯下了大祸，赶紧带上礼物，先后两次到李真家去赔礼道歉，这才平息了事态，保住了差点丢掉的副局长职位。

李真在省国税局作风霸道，一手遮天。为了标明自己不同一般，他给自己配备三个秘书、两个女服务员和一位在部队服过役的警卫员。机关办公室门口，有身着保安制服的警卫人员，副局长及其以下人员要向李真汇报工作也得提前预约，否则不得进入他的办公室。在他装修的富丽堂皇的办公室墙壁上，悬挂着数张他精心拼凑而成的与中央有关领导合影的巨幅照片，显示着他身份的高贵和个人后台背景的强大。

随着地位的变化和对政界的深入了解，李真内心深处的政治欲望越来越强烈，渴望自己在政界有所发展，有所进步。为了早日实现这个目的，李真首先在学历上大做手脚，采取弄虚作假的手段，使自己的大专学历升格为大学本科学历。有了大学本科学历李真仍不满足，又花钱买了"硕士"、"博士"学位，使自己具备了知识化、专业化的干部素质要求。野心勃勃的李真为自己设计了一个明确的政治发展蓝图，即在不久的将来能成为一任封疆大吏和政府官员。为了实现个人的抱负，李真利用自己的特殊身份和政治投机手段，到处拉关系，结同盟，他和他的前任、原省政府秘书吴庆五很快成为一条战壕的战友。

当李真调入省政府办公厅任某副省长秘书时，吴庆五也只先他几个月从外省来到省政府办公厅。对于时任省长程维高秘书的吴庆五，李真极力讨好、拉拢，主动向他透露了所谓河北政坛的许多内幕，还谎称自己的父亲是老红军，自己从中国人民大学毕业后分配到中央办公厅，到河北是来基层锻炼的等等，以此赢得了吴庆五的信任。以至后来他们之间达成"一政一商"机制的默契。在吴庆五看来，李真年轻有为，在政界可谓是前途无量，为了帮助李真在政界迅速发展，吴庆五甘愿做出牺牲，主动提出辞官下海经商。1993年8月吴庆五正式辞去河北省政府办公厅副主任一职，下海经商，并在这之前举荐李真顶替了自己的位置。李真利用秘书这个特殊岗位违法乱纪，释放了远远大于他职务的能量。他曾毫不犹豫地说："权力就是金钱，给我1000万元，我也不换秘书这个位置。"

李真当上省政府办公厅秘书刚刚半年，就伙同吴庆五、东方租赁公司河北办事处主任张铁梦，侵吞巨额国有资产。在以后的几年里，李真和吴庆五狼狈为奸，李真利用职务之便，为吴庆五侵吞国有资产大开方便之门，使数千万国有资产在他们精心策划下流入个人私囊。

和许许多多的贪官一样，李真对金钱的追逐有着一种强烈的欲望，随着职务的升迁，这种欲望越来越强烈，伴随而来的是不择手段的攫取。从他就任省委办公厅秘书到被"双规"时的7年里，他利用职务之便，共受贿人民币680余万元、美元17万元、港币1万元，合伙贪污公款2000万元，与吴庆五、张铁梦合伙非法侵吞爱尔兰镑和秦皇岛市中兴电子有限公司（国有）112.5万美元的股权。涉案犯罪金额之巨大，居建国以来河北党政领导干部贪污受贿犯罪数额之冠。

利用秘书的身份，李真不仅在经济上获取利益，更要在政治上捞取好处。干部人事工作重要、敏感，李真就插手进来，千方百计地施加影响，既想显示自己在河北省的地位和能量，又极力想赢得一批政治上的坚定支持者，而有些人也想借助李真的魔力求得升迁。

顺我康庄道　逆我倒霉桥

【案例1】

主要涉案人：程维高
案例主题词：打击报复，任人唯亲
官场"密经"："我就是用人的尺度！"

程维高无论是袒护下属任其违法，滥用职权中饱私囊，还是打击报复反腐败勇士等严重违纪问题，大都发生在他担任省委书记、成为"一把手"后。而使他在河北"官声"不好的原因，还不仅仅于此。当程维高因严重违纪问题被中纪委查处，不少有识之士一针见血地指出，程维高最大的问题是在用人上。具体表现为：凡是得罪了他的人，不管职位有多高，他想方设法予以免职；凡是合乎他心意的人，不管名声有多差，他想方设法予以提拔。作为一个省的"一把手"，程维高在用人充分体现了自己的意志。

河北省原省委常委、纪委书记刘善祥，在查处一起经济案件中发现一笔5000万元的巨款"去向不明"，省经贸委下属的企业投资公司经理张铁梦是其中的关键人物。由于此案牵扯到程维高的秘书李真，刘善祥遂请程维高将李真调离以方便办案。对于刘善祥提出的正当要求，程维高根本不采纳。在掌握了张铁梦挪用公款100万元的证据后，刘善祥将张铁梦案移给检察院。此时，还发现张铁梦已办理了爱尔兰的护照，有出逃的可能。刘善祥经与省检察院沟通，拘捕了张铁梦，并准备以此为突破口，展开进一步的调查。这期间刘善祥因病住院，与此同时张铁梦却被放出，不久便出走爱尔兰。待刘善祥病愈上班，一纸解职通知书交到了他手中，上面居然有他本人都不知道的理由："因身体有病，多次向中央要求退休。"

河北省建委原主任靳庆和，在发现"南京二建"严重扰乱河北建筑市场秩序问题后，多次向程维高反映这个情况，程维高哪里能听的进去。靳庆和为了规范河北建筑市场秩序，在任职期间力推招投标制度，制定了较为完善的相应规章，并按此处罚了违规操作的"南京二建"，引起了程维高的极度不满。没过多长时间，靳庆和被免职处理，并通报全省，理由是"住房超标"。

秦皇岛市原市委书记丁文斌曾拒绝了程维高侄子打着程维高的招牌向其索要工程的要求，此后在敦促一家港商解决假投资问题上又直接与程维高发生矛盾。丁文斌一再要求港方尽早出资，而程维高则频频向丁文斌"施压"，让他不要抓住这个问题不放。不久，丁文斌被解除市委书记职务，原因是"多次提出并写信要求调离河北。"秦皇岛市与丁文斌合作较好的一批干部，也在不久后相继被调离。

如果说程维高想免除地厅级以上干部的职务还需要找个理由，对级别低点的干部则毫不客气了。有一年，程维高带队下基层听取县委书记汇报，凡是他不满意的当场免职，居然一口气撤换了17个县委书记。被当场撤换的县委书记大都是一些"能干不能说"的人，但程维高认为他们"思想不解放，工作没魄力"，不能再担任县委书记职务。并说还要采取这种办法检查县委书记们的工作。至此，河北吏风突变，各级领导干部以自保为上，再没人敢于反映实情，弄虚作假的风气甚为流行。

与以上人物命运相反，一些人在程维高的认可下官运亨通。石家庄市原建委副主任李山林通过"南京二建"与程维高搭上了关系，多次违规将市里的重大工程项目批给"南京二建"承揽，不仅凭此当上了市建委主任，还被程维高安排为石家庄市副市长候选人。当落选石家庄市副市长后，被程维高提拔为省建委副主任，同时依然兼任石家庄市建委主任。知情人称这样的安排是极为罕见的。而这一罕见的人事安排，"就是为了给'南京二建'在石家庄揽活提供方便。"

李真的发迹更为奇特。他自与程维高当省长时的秘书吴庆五结为密友，就扶摇直上。仅用了短短7年时间，便从刚进石家庄市的普通科员，"坐火箭"般成为省委办公厅副主任，省国税局党组书记、局长，权倾一方。李真最得意时，河北省的一些大小官员要想谋求晋升，向李真"进贡"是一道重要的程序，就连时任石家庄市副市长的张二辰想当市长也不例外。当然，没有程维高的撑腰，李真不可能这么风光。

从吴庆五到李真，从王福友（省政府原副秘书长、省驻京办事处原主任）到杨益铭（省委办公厅原副主任兼督察室主任），从张二辰（石家庄市原市长）到李山林（省建委原副主任）。一个个的贪官被程维高提拔重用，最终又一个个的"落马"，这构成了河北政坛史上前所未见的"丑闻"。

程维高当权时搞的是"诸侯政治"。在他这里，完全没有什么组织原则，有的只是封建诸侯那一套作风。在河北，他想怎样就怎样。程维高的所作所为充分暴露了我们干部管理体制上的漏洞，而这方面的缺陷给河北甚至全国造成的危害，怎么评价也不过分。

【案例 2】

主要涉案人：王怀忠
案例主题词：打击不同意见者
官场"密经"："领导的话就是法律。"

20世纪90年代中期，王怀忠出任地市合并后的阜阳市委书记，加快发展阜阳的经济成了他的主要任务，阜阳人口众多，资源贫乏，缺少工业基础，要加快经济发展绝非易事。曾经担任过阜阳地委副书记的一位老干部回忆说，急功近利而肚子里没有多少货的王怀忠动起了歪门邪道，开始推行繁荣"娼"盛的奇谈怪论。

热衷于推行繁荣"娼"盛，绝非是王怀忠一时心血来潮。还是他在担任亳州市（县级市）市长和市委书记时，出访过一些国家，对某些国家经营的"红灯区"十分感兴趣。或许是他以为找到了得以发挥的时机。

然而推行繁荣"娼"盛的过程，难以让期望值很高的王怀忠满意。一次，他到阜阳下辖的一个县参加经济发展环境问题研讨会，按惯例，县四大班子负责人都到场作陪。他翻了一些材料，又到几个典型乡镇转了几圈后，再也掩饰不住自己的不满。在餐桌上，王怀忠单刀直入地问坐在身边的几位县领导人："看看你们县，经济太落后，再继续下去，要拖阜阳的后腿。你们可有什么高招？"

几位县领导正为此事伤透脑筋，因为有消息说王怀忠之所以把这个研讨会放在他们县里开，是想"将"他们一军。于是他们便纷纷诉苦：我们县与兄弟县市相比，矿产资源贫乏，旅游资源也不行，希望政策多多向我们倾斜倾斜，在重大项目投资方面要多多照顾我们县。他们这番话得到的答复却是："政策倾斜，还要看你会不会利用嘛！你们说县里没有资源，我不同意这个观点。资源是有的，就是没有开发利用！"话说到这里，王怀忠毫不掩饰地用手指着身边两名正在斟酒的年轻漂亮的女服务员。在座的几位县领导明白了"资源"的意思后，曾经就王书记的这个"指示"议了又议，认为如此违法的行为无论如何也不能干，一旦查处下来包括王书记也承担不了这个责任。因此，王怀忠的指示没有得到贯彻执行。

下属们没有将自己的意图贯彻下去，王怀忠耿耿于怀。随后发生的一件事更让王怀忠意识到，要贯彻自己繁荣"娼"盛的思路，没有一个得力的干将不行。

那是1997年夏，阜阳市公安局为贯彻中央关于严厉打击色情服务的精神，加强了对宾馆歌舞厅等休闲娱乐场所的管理。此令一出，有关阜阳市繁荣地段宾馆色情服务猖獗的举报信纷至沓来，市公安局让派出所突击行动，当场捉住了几对正在房间里苟合的男女，其中一名是外商。这名外商与王怀忠打过几次交道，早已摸清了王怀忠的想法，因而对嫖宿妓女一事毫不在意，且态度嚣张，听他的口气，反倒是公安民警做错了事。派出所按程序对这名外商处以罚款。当晚，王怀忠得知此事后，暴跳如雷，第二天便派人到外商那里做安抚工作，并责令派出所写出检讨。

在相隔时间不长的一次会议上，王怀忠以此为例谈了自己的一点想法："人家外商到我们阜阳来投资，带来了项目，带来了资金，带来了效益，就是没带老婆和女秘书，住在宾馆里，时间这么长，找个人陪陪，可以理解嘛。再说两厢情愿，我看不是坏事嘛！以后这类事不准再查，谁要是查，就是影响阜阳的政策开放，破坏阜阳的投资环境。"

据说，这一段话成了王怀忠"语录"中的"经典"，一时间阜阳家喻户晓。

然而，卖淫嫖娼、色情服务、"红灯区"之类，毕竟是中国现行法律严令禁止的。对于王怀忠的这种言论，许多领导干部不能理解，于是时不时有人因嫖娼触"电"，或被拘留，或被劳教，或被罚款。这大大影响了王怀忠的所谓"大局"，损害了王怀忠期待出现的"投资环境"。

一位知情者透露，王怀忠多次在他的一个小圈子内流露出：市公安局长要换人，不然，老是碍事。说这话的时候，王怀忠心里早已有了新的公安局长人选，此人便是时任亳州市人民检察院检察长（副县级）的傅洪杰。

傅洪杰算是王怀忠的老部下，最初在阜阳市下辖的亳州市当公安局长。他第一次向时任亳州市长的王怀忠汇报工作时曾说过的一句话，奠定了他与王怀忠的关系。傅洪杰的那句话是："市长，我这个公安局局长没什么头脑，你咋说，咱咋干。"有人戏言，正是这句话让傅洪杰与王怀忠的距离变成了零。

在实际行动中，傅洪杰更是对王怀忠"忠心耿耿"的马前卒。当王怀忠在亳州市长的位置上干了一段时间后，即将出任市委书记，上级组织部门派人对他进行考察。消息传出，一位老干部很不理解，认为他乱搞女人，道德败坏，不宜提拔重用，便向组织上反映，并当着众人的面指责过王怀忠。此举令王怀忠极为尴尬，视这位老干部为眼中钉、肉中刺。傅洪杰得知此事，马上感觉到这可是效犬马之劳的机会，他借口这位老干部与邻居打架，以伤害罪将其拘捕。在看守所羁押期间，这位老干部病得不轻，按规定可以取保就医，但傅洪杰坚决不放人。这位老干部有一个女儿在外地念大学，得知父亲遭遇不白之冤，辍学在家替父亲讨公道。在外界的压力下，傅洪杰也只答应可以给这个老干部治病，但不得出看守所。傅洪杰一次酒后吐真言："书记现在正处在关键时刻，此人不能放，一放出门，必然放书记的坏水，那还了得。"

施展了这样一番良苦用心，傅洪杰自然是得到了回报。王怀忠就任亳州市委书记后，傅洪杰也由正科级升至副县级，当上了检察长。对如此赤胆忠心的下属，王怀忠自然是恩宠有加，更何况还要为"大局"

创造条件。当王怀忠在阜阳市"一把手"的位置上坐稳之后,便力排众议,将傅洪杰由亳州市检察长(副县级)提拔为阜阳市公安局局长。以后,又将傅洪杰提拔为副市长兼市政法委书记。王怀忠被"双规"后,傅洪杰也被"双规",并被带到异地说清问题。2001年初夏的一天,被"双规"的傅洪杰自杀身亡。当然,这都是后话。

有人说王怀忠提拔傅洪杰为阜阳市公安局长是一箭双雕:一是通过傅洪杰控制市公安局,减少推行繁荣"娼"盛论调的阻力;二是利用傅洪杰打击异己势力。官场游戏中的"投桃报李",傅洪杰自然是深知其中奥秘。傅洪杰一走马上任,下大气力做的一件事就是,给为数不少的宾馆、娱乐场所挂上了"阜阳市重点保护企业"的铜牌子。有了这个金字招牌,一时间阜阳的"繁荣娼盛"之说不绝于耳。阜阳的一位老干部说,那段时间,阜阳大街小巷走不了几步便可看到高悬着的醒目刺眼的红灯笼,那是色情服务的一种暗号和象征。这种现象的出现,与傅洪杰一手把持的阜阳公安局的"不作为"有很大关系。

"娼"盛后,阜阳经济并未见大的起色,倒是宾馆服务业受到刺激,蓬勃发展起来。在阜阳这样一个消费水平并不高的城市,装饰豪华的大型宾馆竟多达十余家。像当年王怀忠经常光顾的白金汉大酒店,宾客常常爆满。

主张繁荣"娼"盛的王怀忠,没有使阜阳经济有大的起色,自己却在其中很风光。王怀忠除了善于玩弄权术和对钱财的贪婪之外,最大的特点就是好色。贪官好色,早已是老掉牙的故事,但王怀忠与众不同。"他和至少三个女人生了孩子"的查证,曾让大大小小的好色贪官们自愧不如。在王怀忠的好色中,傅洪杰可是大有作为的。

　　权大还是法大？这个简单的道理在贪官们的心目中是完全颠倒的。他们自认为有权就支配一切，因此做出极为荒唐的事情来。

　　权与法是一对孪生姊妹，二者相生相克。在贪官专权的体制下，法律只不过是权力的附庸和奴婢，贪官完全凭一己的意志和反复无常的性情进行统治。只要法律完全沦落为权力的仆从地位，那么法律就可以按权力的需要被任意塑造。在这种情形下，法律是变态的，人同样是变态的。因此，只有通过法治对权力的规制，才能使权力的运行彻底摆脱野蛮、任性的状态。

　　我国历史上是个法治传统非常薄弱的国家。法在治理国家中的地位低微，基本上是权力支配法律。新中国成立后的长时期内，尤其在"文化大革命"中，法律虚无主义泛滥，以至出现了以政策代替法律，以领导人的言论代替法律的不正常现象。如何避免这类现象的发生呢？邓小平指出："这要从制度方面解决问题……我们这个国家有几千年封建社会的历史，缺乏社会主义的民主和社会主义的法制。现在我们要认真建立社会主义的民主制度和社会主义法律。只有这样，才能解决问题。" 可见，邓小平同志已经充分地意识到一个国家要长治久安，必须解决权与法的关系问题，杜绝权力的滥用和权力腐败。

官大压过法　容己不容他

【案例1】

案中受害人：张洪钧——原任安徽省阜阳市物价局局长。

案例主题词：因调查并制止教育乱收费遭到阻挠

官场"密经"："破坏潜规则者，出局。"

张洪钧，曾任安徽省阜阳市物价局局长。据报道，张洪钧因调查并制止教育乱收费遭到阻挠，价格检查权被上收，公用经费被停拨，不堪忍受巨大压力而辞职。那么，诱发张洪钧辞职的调查并制止教育乱收费情况的调查是怎么一项调查，具备不具备其合法性？使他不堪忍受的巨大压力又是从何而来，怎么形成的呢？

问题之一：物价局调查并制止教育乱收费具备不具备其合法性？中华人民共和国价格管理条例第二十条明确规定：各级物价部门的物价检查机构，依法行使价格监督检查和处理价格违法行为的职权。对同级人民政府业务主管部门、下级人民政府以及本地区内的企业、事业单位和个体工商户执行价格法规、政策进行监督检查。阜阳市物价局执法主体资格无庸置疑。然而，阜阳市分管教育的副市长杜长平则认为，物价局的做法打乱了全盘收费计划。物价局擅自调整收费标准，造成一批学校欠款，不能正常运转，不能按期完成还款任务。按副市长杜长平的话,很显然,物价局的做法是错误的。对此，市物价局行费科科长刘桂雪却另有说法:"之所以降低部分学校的收费标准,主要分两种情况:一是有的学校还贷只差一个尾数,按现有学生人数测算,如仍按每生50元的标准收费,也将超收。二是3个国家级贫困县的部分学校,去年作为省里的试点,在信息技术教育方面重复收费,每个学生每学期要交近百元,负担太重了。今年省里也作出了规定,两项合一,不得重复收费。"刘桂雪的话似乎更能让人们相信,物价局的调查并制止教育乱收费的做法的合法性。

从表面上看来,杜副市长和市物价局行费科科长刘桂雪说法是"公说公有理、婆说婆有理"。市长要求的是左右全盘、顾全大局,科长强调的是因地制宜、依法办事。其实,这里并没有什么矛盾的地方,执法人员依法办事就是最好的顾全大局。阜阳市物价局在对各学校多媒体项目进行复核时,结果发现了五花八门的怪现象:有的学校当初为了争取项目,虚报了学生人数,有的甚至虚报了近一倍,结果造成难以收回投资;有的学校则少报了学生人数,目的是想被批准多收几个学期的钱,无论前者虚报还是后者少报,其行为均属于弄虚作假。既然是学校当初为了争取项目,虚报了学生人数,造成学校欠款,不能正常运转,投资收回难,理应依法依纪追究弄虚作假的教育部门领导的责任。谁知,这板子并没有打在当事人的屁股上,作为执法单位的物价局倒是被兜头泼上了一盆污水,落的"物价局的做法打乱了全盘收费计划"的评价,这样的结果实在是令人费解。

问题之二:是什么原因使时任局长的张洪钧"不堪忍受的巨大压力"呢?其实,现在官场早就流行这样一种潜规则,同一层面上(一些级别相同或级别稍低握有实权)的官员为了权为己(或者是部门)所用,利为己(或者是部门)所谋,无限扩大自己有限的权力,结成利益共同体。在权力运作过程中,什么"党纪国法不如兄弟一个电话";什么"法规政策可以变通,兄弟情谊不能变生";以你之长,护己之短;你投之以桃,我报之以李;在获得你好、我好、大家好、和平共处、一团和气、共同繁荣、共同腐败的神奇效果的背后,却干着损害国家利益和公共利益的勾当。想必，张洪钧在这官场上，一定是没有按这规则出牌，导致了物价局要求降低学校收费标准，停止收费，市教育局便使出"部分学校校长、教师要上访"的撒手锏，要求市政府出面干预的局面。当然在"稳定压倒一切"的口号下，最后挨了软板子的是严格执法的年轻局长，一是市领导上收了物价局的价格检查权。二是省物价局补助市物价局的30万元经费被财政部门长期扣留，最后走向无奈辞职的下场。而作为主要责任人的教育部门却在一旁，数着票子偷着乐。

　　从张洪钧被迫辞职看来，"潜规则"使某些地方的官场变成了一个巨大的漩涡和黑洞，许多人难以摆脱。到了官场，谁不遵守就会被视为另类，谁不腐败就会受到排挤和白眼，甚至被淘汰出局。

【案例2】

案中受害人：张洪钧
案例主题词：同上例
官场"密经"："指个兔子让你追，并不是真要这只兔子，而是想把你支走，把事拖过去。"

据新华社报道，他在接受采访时说，由教育局、物价局、财政局、法制办组成的联合调查组，曾对物价局制止教育乱收费问题进行重新调查核实。可调查组成立半年，还没有形成一份正式报告。"联合调查其实是个'潜规则'，他指个兔子让你追，并不是真要这只兔子，而是想把你支走，把事拖过去。"

一般来说，遇到社会影响比较大的事件，由单一的职能部门处置缺乏公信力或执行力时，会成立联合调查组进行彻查。这表明了政府对该事件的重视和妥善解决问题的决心，联合调查组往往也确实能够不负众望、排除困难，将问题搞得清清楚楚明明白白，因而赢得社会大众的信赖和政府部门的倚重。

可张洪钧的话让我们恍然大悟："联合调查"竟然还有"追兔子"的潜规则啊，那就是以联合调查为名，将被调查对象搁置起来，硬是不结案，就这么拖着，让被调查对象长期处在不被信任、不被理睬的境况中，逼得被调查对象心灰意冷、悲观失望，最终缴械投降。

　　"追兔子"的潜规则是一种官场病,是一种颇有封建遗风的官场整人术,其病因是有人触动了某些上层官员的敏感神经,侵犯了上层官员的切身利益。

　　张洪钧成为"追兔子"潜规则的牺牲品,是因为他"不自量力",不会看眼色行事,触动了某些人的利益。虽然他的遭遇现在已见诸报端,可谁又知道,还有没有"李洪钧"、"方洪钧"被"追兔子"的潜规则牵着鼻子走,在无边的愤懑中被拖得筋疲力尽,叫苦不迭呢?

【案例3】

案中受害人：张洪钧
案例主题词：同上例
官场"密经"："记住，'官'永远大于'法'！"

面对来自"个别市领导"和政府同僚的强大压力，安徽省阜阳市物价局原局长张洪钧以个人请辞的激烈方式，表达了绝不妥协的立场。表面上看，这是张洪钧个人对当地行政环境的一次抗争，但实际上却反映了国家法定规则与行政机关内部潜规则的矛盾和冲突。

张洪钧检查教育乱收费，是完全按照《价格法》和《价格违法行为行政处罚规定》行事。然而，在官场潜规则面前，刚性的具有普适意义的法律法规却败下阵来。法律法规为何不敌官场潜规则？笔者认为，这是因为家长本位的政治文化流毒至今。

家长本位的政治文化源远流长，其典型特征即是，以言代法、以人代法和官大于法。张洪钧明明按照法律法规处置事务，却偏偏遭受官场潜规则的狙击。究其原因就在于，"个别市领导"和政府同僚不拿法律法规当回事，在他们眼里，俨然"口衔天宪、朕即法律"，法律法规是橡皮泥，如果对自身有利便细加拿捏，否则就弃置一旁，把法律条文看作一纸空文。作为官场潜规则的运作者，说他们是法盲显然有失偏颇，但他们不把法律放在眼里却是实情。

家长本位的政治文化与利益分配息息相关。国家行政学院教授马庆钰认为，有家长本位情结的官员，对资源往往随心所欲地进行切割与分配，他们不需要考虑公众的想法，也不需要顾及合理化的程序。

张洪钧以法律的名义查处教育乱收费，名正言顺，有法有理，之所以遭受群起而攻之的不堪境遇，因为他的举措触及了某些利益集团的切身利益。这种利益集团盘根错节，牵一发而动全身，为了"捍卫"既得利益，自然联合起来，运用潜规则直指势单力薄的张洪钧。

家长本位的政治文化为害甚烈。1980年8月，邓小平在一次讲话中说："不少地方和单位，都有家长式的人物，他们的权力不受限制，别人都要惟命是从，甚至形成对他们的人身依附关系。"这就一语道破了官场潜规则之所以具有巨大威力的原因所在。诚然，官场潜规则横行无忌的背后，既有强势人物在暗暗撑腰，也因为一帮喽罗官员在推波助澜，不然潜规则就成不了大气候。反过来，喽罗官员的奴性仆从意识又助长了强势人物的权威主义人格。在这种互为因果的恶性循环下，官场潜规则就会越来越大行其道，正直的官员就会越来越难以生存，他们要么同流合污，要么被抛出圈外。

按语

在强大的官场潜规则面前，张洪钧的命运比唐吉坷德还可悲。明太祖朱元璋说："我想清除贪官污吏，奈何早上杀了晚上又有犯的。"诚然，根除官场潜规则，也不能单纯依靠严刑峻法。官场潜规则的解决之道就在于，要从根除家长本位的政治文化入手，破除官员的家长作风，根除官员的依附意识，然后建立有效的权力制约和培植良性的制度架构。

虽说传统德治政治文化(包含家长本位的政治文化)，楔合了传统农业国家的社会结构，促进了封建中国的稳定发展，但其终究是农业文明的一部分，与现代工商业文明存在着强烈的时代落差。传统德治政治文化表现出的诸多非现代性特征，使其在政治现代化进程中捉襟见肘，在当下中国的社会转型期，面临久久走不出的困境。

改革开放以来,大量西方文化进入我们的视野,以民主、自由、平等为核心的西方政治文化与中国传统的家长本位政治文化形成了强烈的反差。民主、自由、平等理念,使我们感觉到了家长式作风所带来的权力对私人领域的侵犯,及其对经济、政治发展的危害。以市场为导向的经济改革的深入、教育的普及更唤醒了人们要求平等、要求公正的意识,从而对家长权威产生了不服从心理。然而,延绵几千年德治政治文化所蕴含的家长本位文化根植于民族心理之中。虽然在新中国成立之后,我们把"家长"替代为"人民公仆",但"人民公仆"仍然行使着家长的权力,"当官就是为民做主"的思想至今仍有很大市场。

不喜人规劝　讳疾又忌医

【案例】

主要涉案人：成克杰
案例主题词：干涉舆论监督
官场"密经"："想监督我？吃豹子胆啦？"

说起来，贪官的胆子是不断变化的，有时候真是胆大包天，什么来路的钱都敢往自己腰包里揣；有时候又是胆小如鼠，不敢听一点点批评意见，更容不得一点点批评意见。大贪官成克杰同样逃不脱这一规律。正当成克杰伙同李平疯狂上演一幕幕权钱交易的"二人转"时，广西自治区党委机关报《广西日报》发表了一篇题为《谨防数字出官》的评论员文章，惹得成克杰大为恼火，紧接着该报又发表了针对周坤的批评报道，更让成克杰心中不快，实施了打击报复，使舆论监督失去应有的威力。成克杰也正是讳疾忌医，在缺乏有效的约束与监督的环境下，加快了走向毁灭深渊的步子。

秉承民意斗胆冒犯成克杰并受到打击报复的新闻工作者，是原《广西日报》社长、总编辑李明德。在中央组织部的安排下，李明德于1991年1月由北京交流到广西，担任《广西日报》社长兼总编辑。刚到广西，李明德就带记者不断深入贫困地区进行社会调查，跑了四、五十个县，每到一个地方都住两天以上，以便掌握更多的第一手资料。在与当地干部的接触中，李明德渐渐发现，一些地方浮夸风相当厉害，乡镇企业的很多成绩是靠"测算"出来的。另外，干部在迎来送往中，铺张浪费、送红包等现象十分普遍。广西本来很穷，干部们却把精力放在对上级领导搞"感情投资"上，为自己升官打基础。

了解到的情况越多，李明德的心情越沉重。他想，广西要治穷，首先要扭转浮夸风。他决心发挥舆论工具的作用，为扭转浮夸风贡献力量。在1995年自治区党代会召开前夕，李明德专门组织写了一篇《谨防数字出官》的评论员文章。文章犀利地指出："报刊上曾对'数字出官'的丑陋现象进行了剖析、鞭挞，但仍觉言犹未尽，有必要再说几句，以引起有关方面的重视。选拔干部要重政绩，善钻营者便弄虚作假，编造数字，结果蒙骗的官僚主义者升了官"。李明德心很细，担心文章一旦发表有领导要"对号入座"，为避免给写文章的记者带来麻烦，在报纸即将付印前，李明德把"本报评论员"改成了自己的笔名。

出报那天，尚未到上班时间，自治区党委主管宣传工作的副书记就给李明德打来电话，让李明德一上班先到他那里去。李明德猜到准是那篇文章惹的事，特意拿着当天的报纸去见领导。一见面，副书记指了指登有《谨防数字出官》的报纸说："今天的报纸出问题了，很多人打电话来找我，问这样的文章在党代会前登出来，是区党委的意思还是报社老总的意思。"李明德问："报纸六点半只送到常委家，现在还没送到各单位，你说很多人打电话来问，肯定是区领导的意思了？"副书记照直说了："是领导打电话来了，责问我怎么把的关，所以我才把你叫来了。"

主管副书记提到的领导，就是自治区政府主席成克杰。早上一看到《广西日报》的评论员文章，成克杰的火就冒出来了，他非常厌恶有人指责"数字出官"的论调。成克杰给主管副书记打电话发泄了一顿不满不算，后来多次在各种会议上批评《广西日报》

的"错误"做法,特别是在全自治区领导都出席的区经济工作会议上,更是对李明德点名批评。成克杰质问李明德:"你们登《谨防数字出官》,你倒说说看,谁是因为吹嘘数字当的官,你马上说出来,我立即处理。"别说像李明德这个到广西工作没几年的外来户想不到,连许多当地出生的干部都想不到,堂堂的自治区党委副书记、政府主席成克杰,会抓住一篇针砭时弊的评论员文章不放。深知成克杰厉害的一些干部私下给李明德打电话,提醒他:"李总,你这次挨(广西话'霉'的意思)了,要有思想准备,他们什么事情都可以干出来的!"更有人给李明德送来一个门链,让他装上以防万一。

本来,李明德针对当时广西存在着的一些"跑官"、"买官"、"卖官"等所谓的"五官"现象,打算在《谨防数字出官》一文推出后,再推出对"五官"现象进行逐一剖析的系列评论文章。"这组文章针对性很强,直指当时广西存在的不正之风。事隔不久,当时的柳州市委副书记刘和平就因骗官被逮捕了。"成克杰被抓后,李明德在北京的住所向来访者坦露了那段令人感到压抑的遭遇。当谈到那组未能全部面世的系列评论文章时,李时德一边拿出还珍藏在北京家中的五篇原稿,一边激动地说:"没办法,当时只好把这些稿子锁进抽屉里。"

依仗手中的淫威,成克杰可以封杀李明德精心组织的针砭时弊的系列评论文章,但阻挡不住李明德等正直的新闻工作者行使舆论监督的责任心。

成克杰风光在位时,当地人都知道,银兴实业发展公司是自治区政府的直属公司,是当地有名的建筑业一霸,公司总经理周坤更是成克杰的心腹。银兴公司在成克杰的"关心"下,手眼通天,别人拿不到的工程项目,他们都能拿到;别人不敢干的事情,他们都敢干。周坤用银行贷款在各地大兴土木,开发房地产项目,导致许多银行贷款无法收回。银兴公司和周坤的发家业绩,引起人们议论纷纷,同样引起了新闻记者的注目,并从中发现问题予以披露。1996年2月27日,《广西日报》五版头条刊登了《没有规矩,不成方圆——我区城市规划法检查综述》一文，这篇报道对周坤任总经理的广西银兴实业发展公司强占地皮、工程未经审批先开工等违反城市规划法的行为作了曝光。这是政文部记者张永林随同自治区人大常委会财经委、区建委、区法制局等部门组成的《城市规划法》执法检查团赴广西各地检查时采写的。

《没有规矩，不成方圆》的曝光报道，犹如引燃了一颗炸弹，在方方面面引起了强烈反响。周坤一看这篇报道就火冒三丈，带着手下气势汹汹地赶到报社，直入政文部办公室，在政文部办公室大闹了一个多小时后，才不依不饶地离去。当天下午，李明德听取了政文部的汇报并作了部署。第二天，在由《广西日报》主办的《南国早报》头版醒目位置上，刊登了特写《周坤大闹党报编辑部》和评论《周坤的"屁股"摸不得？》，尤其是这篇不及五百字的言论，字里行间体现了党的新闻工作者刚正不阿的勇气。周坤看了报纸后，更加恼怒，即让手下给报社领导打电话，威胁说，他要上北京向"成主席"（成克杰当时在北京参加全国性会议）报告，要让"成主席"下令把《南国早报》给封了。

《广西日报》及《南国早报》的报道，受到了自治区人大常委会等部门的赞扬，老百姓更是拍手称快。自治区党委机关报的当家人李明德，却因此把周坤这位和成克杰"情同手足"的大红人彻底得罪了。3月12日，在没有事先打招呼的情况下，上级突然宣布免去李明德的《广西日报》社长、总编辑职务。明眼人都清楚，又是惹恼了成克杰，才导致李明德被突然免职。有人戏谑地称，还算是手下留情，没有把《南国早报》给封掉。同年7月，李明德被安排到自治区人大常委会任教科文卫委员会副主任委员。不久，在换届改选中，李明德不再担任人大职务，退休回到北京。一个满怀激情改变广西落后面貌的忠诚党的事业的新闻工作者，就这样失去了为党工作的权利。李明德心中的愤懑和心情的压抑可想而知。

说来也巧，中央纪委2000年4月20日宣布查处成克杰，中国记协5月11日召开第三届理事会，李明德在会上发言，吐露了当年在广西搞舆论监督遭打压的那段经历,引起了与会者的极大反响,许多报纸老总都围绕舆论监督难谈了各自感受。5月12日,由中国记协主办的《中华新闻报》在"舆论监督,难!难!难!"的大标题下,集中刊发了李明德和其他报纸老总们的发言,算是对成克杰压制舆论监督的一次声讨。

如何对待疾病,历来就有不同的态度,讳疾忌医也不是什么新鲜事。民间流传已久的"有病不可瞒郎中"、"养病如养虎"等俗语亦非无的放矢。宋代周敦颐《周子通书·过》:"今人有过,不喜人规,如护疾而忌医,宁灭其身而无悟也。" 一个人有了病,一定要听从大夫的嘱咐,老老实实地医治。

同样,一个人有了缺点错误,也一定要听取大家的批评,认认真真地改过。否则,一误再误,病情会越来越沉重,错误会越来越严重,以至发展到无法挽救的地步。

在官场上,凡讳疾忌医者必然心中有鬼,这是一个规律。凡是正直无私的党员干部,都能坦荡地接受来自党内外的各种监督,包括舆论监督。

举报别碰我　虎腚摸不得

【案例】

主要涉案人：程维高
案例主题词：打击报复反腐勇士
官场"密经"："不要命的，就去告吧！"

关于"南京二建"一度"称雄"河北建筑市场的事，郭光允（石家庄市建委工程处原处长）是最了解内幕的人。郭光允在程维高被中纪委开除党籍后对了解情况的人说，"南京二建"刚到河北打市场时，其负责人曾多次主动提出要把他介绍给程维高，让两人拉上关系，但郭光允拒绝了这种提议。于是，"南京二建"的人转搭上了李山林（时任石家庄市建委副主任，郭光允的上司），李山林此后的高升和入狱，皆与此有很大关系。

按郭光允的说法，他一开始并没有直接举报程维高的想法。相反，郭光允在程维高刚到河北赴任时，心中还对程维高充满了幻想，认为程维高是从南方来的，思想肯定不守旧，可能会促进河北的发展。

"后来我发现自己错了。"郭光允说："一开始是程维高的妻子、儿子插手工程捞取好处。后来，李山林和程维高走到了一起，河北的建筑市场就开始乱了。"

即便是出现了如此局面，时任石家庄市建委工程处处长的郭光允,还是对程维高心存幻想,专门给程维高写信,劝程维高不要重用李山林。但郭光允的"不识时务",很快遭到了报复。李山林登上市建委"一把手"的宝座不久,郭光允的工程处处长的职务就被免去。同时,他作为高级工程师应享受到的待遇也迟迟不能兑现。

随着李山林肆无忌惮地非法牟取不义之财,郭光允终于忍无可忍。"我是穷人家的孩子,从小吃惯了苦,我知道老百姓的日子不容易,可人民的血汗钱就这样被贪官们糟蹋,我心痛啊。我觉得自己有责任向上级反映。"说起当时的心情,郭光允仍然是义愤填膺。正是在那个时候,郭光允举报的信念越来越强烈,而且是要向上举报。

在经过一番认真地调查后,郭光允掌握了大量的第一手资料,于1995年8月17日向中纪委等部门发出了署名为"正义"的举报信。在举报信中,郭光允列举了程维高问题的主要内容包括:"南京二建"为程维高装修住房,有特殊关系;一些工程不搞招投标,直接给了"南京二建";纵容自己身边的亲属和工作人员插手建筑工程牟利;一方面处理个别干部住房超标,另一方面在自己住了一层楼的情况下,还扩建了七间房子等。郭光允在举报信中指出:"程维高、李山林是破坏河北建筑工程市场的罪魁祸首。"当时,郭光允还向省检察院寄去了一封相同内容的举报信。但不知什么原因,这封信居然落到了程维高的手里。

看到署名"正义"的举报信,程维高大为恼火,召开省委常委会议,表示要动用公安力量查处这封举报信。三查两查,郭光允很快成为"重点怀疑对象",噩运也随之而来。从1995年9月开始,郭光允天天被叫到省军区招待所谈话,被要求交代匿名信的问题,但郭光允拒绝承认信是自己写的。僵持到两个月后的11月21日,郭光允被有关部门收审,关进了看守所。

一被关进看守所,郭光允被称为是"政治犯",搜去了身上的财物,连裤带也被拿走,以至行走时须提着裤子。据郭光允说,他在看守所天天被提审,要求交代写举报信的问题,发高烧也不例外。

发烧惧寒，但办案人员在提审中还曾要求郭光允将大衣脱掉。

被关进看守所一个多月后，郭光允连续发了两次高烧，觉得"自己快死了"，便承认是自己写了匿名信。接着，郭光允又被要求交待出"反程维高的后台与同伙"。对这样的要求，郭光允的回答始终是"我就是自己反映问题，没有别人可以交待。"

不管郭光允是否往下交待，到1996年春节前，郭光允被有关部门以"投寄匿名信，诽谤省主要领导"的罪名劳教两年，并被开除了党籍。只是劳教决定书一直没给他的家属，直至半年后，郭光允的老伴才在市建委看到了这份按规定应发给家属的劳教决定。谈到这段噩梦般的往事，郭光允说："后来我才听说，程维高当时授意要以诽谤罪判我几年刑，但是法院认为尚构不成犯罪，顶着没有办，程维高因此还把法院领导大骂了一顿。"

在郭光允被收审以及劳教期间，他的家人以及社会正义人士一直为其奔走呼吁。郭光允的老伴说，中央及中纪委的领导曾几次批示解决，但由于程维高等人的极力阻挠，一直没有取得进展。

河北省原纪委书记刘善祥谈到郭光允的遭遇，回忆说，中央"三讲"巡视组1999年到河北，"我在座谈会上提及了郭光允的事情，讲了十几分钟。"

当时中央"三讲"巡视组的负责人阴法唐回忆说："当时反映程维高的问题很多，了解到郭光允的事情后，我们感觉到这是个突破口，要求省里复查。但复查的结果是否定了郭光允犯有"诽谤罪"，却应定他"诬陷罪"，我们不同意，认为省里没有权力处理这个事情，应该由中纪委处理。"

以中央"三讲"巡视组组长身份来到河北的阴法唐，时年已是76岁高龄。阴法唐上个世纪八十年代初任西藏自治区党委第一任书记，到1985年任第二炮兵副政委，1988年被授予中将军衔。阴法唐率"三讲"巡视组到河北之前，就听说河北的情况比较复杂。果然，巡视组一到河北，程维高就给他们写了一封信，以提醒的口气说:"你们可要注意,有些人正在串联搞派系。"同时,程维高还在信中点出他认为会给他提意见的人的名字。很快,阴法唐和巡视组就理解了程维高写这封信的真实用意。特别是随着巡视组在河北的时间越长,反映程维高的问题就越多,除了郭光允的遭遇,直接牵扯到了程维高的两任秘书吴庆五、李真,以及程维高的儿子程慕阳。

1999年8月,中央"三讲"巡视组结束了河北的工作,对程维高的个人自我剖析材料的评价是"不可信"、"不真实"。在河北省县以上干部的大会上,巡视组对程维高的部分问题进行了不点名的批评。而程维高在河北省所有参加"三讲"的省级干部的评议投票中,得票率最低。一回到北京,巡视组将有关问题及意见汇报给了中央"三讲"办公室。

对在"三讲"中各方面提出的意见,程维高不但没有表现出诚心诚意接受的姿态,反而在"三讲"结束之后,特意给中央写了一封长达70多页的告诉信,称中央巡视组在河北期间搞了一些"左"的东西。

还是在中央"三讲"巡视组到来之前,由于老伴的多方奔走,郭光允在劳教所里呆了一年零九天后被批准保外就医,而他所反映的问题也得到了中纪委的重视。2000年4月,中纪委有关人员用了5个半天的时间,专门听取郭光允反映问题。

此后,在上级党组织干预和老干部们的呼吁下,特别是中央"三讲"巡视组的意见,郭光允劳动教养的处理被取消,党籍也得以恢复。但由于程维高还担任着省人大常委会主任,郭光允仍被留有党内警告处分的尾巴。

经历了被劳动教养的磨难,郭光允举报程维高的信心更加坚定。期间,程维高的秘书,号称"河北第一秘"的李真被"双规"、正式逮捕,更让郭光允看到了反腐败的曙光。郭光允说,从保外就医的那一天起,他开始大张旗鼓地反映程维高的问题,并与妻子一起用实名写信。"我们豁出去了,光寄22元一封的快递,我们就花了数千元,寄了多少封我们就记不清楚了。"

不单是采用邮寄举报信的方式反映程维高的问题,郭光允还曾经多次用赴京上访的方式反映程维高的问题。他说:"我锲而不舍地反映,起码可以遏制一下他们膨胀的犯罪欲望。"

党组织是不会让反腐勇士失望的。到了2003年2月13日,郭光允终于等到了彻底的平反。石家庄市机关工委的两位同志来到郭光允家中,代表省委、市委,代表党组织正式向郭光允道歉,说以前郭光允的问题是搞错了,予以纠正。从向上级写信反映程维高的问题到接受组织上的道歉,郭光允等了8年的时间。接受组织上的道歉之后,郭光允又等来了中纪委对程维高问题的查处通报。

作为当年来河北的中央"三讲"巡视组负责人,阴法唐对郭光允的遭遇当然了解的比较细致,因而对郭光允的评价很高。他认为郭光允是一位反腐勇士,是英雄。确实,郭光允与程维高之间的斗争,是一场地位、力量悬殊太大的较量。一个正科级干部(尽管当时号称石家庄市建委工程处处长),向上反映当政的正省级领导,而且是炙手可热的省委书记的问题,倘若没有勇士的气概,他能这么做吗?但郭光允本人是这么说的:"我不是什么英雄,我只是尽到了我自己的一份责任。希望我的事能唤起千千万万人反腐的信心,在腐败面前要有骨气和脊梁。"

贪官一般都给人以"霸气"的外表,但他们的本质是外强中干的。因为他们的行为一不合法,二不合情,三不合理,只要大家团结起来,持之以恒地同他们作斗争,必将取得反腐的胜利!

造假经

权力未到手　贪心深处藏

【案例 1】

主要涉案人：胡长清——湖北省原副省长，因受贿罪被判死刑。
案例主题词：蜕化变质
官场潜规则："如果贪的条件不具备，就先忍着。"

从胡长清少年时代生活的艰辛和在仕途上步步高升的经历不难看出，他经历过生活的磨难，更有着不同于常人的幸运，他理应对党怀有忠诚的感情，理应对国家的事业恪尽职守，理应对人民鞠躬尽瘁。然而，也许正是仕途畅达、官运亨通的的顺境，对于还没有完成修身养性、砥砺品行的胡长清来说，恰恰引发了欲望的洪水，在手中掌握了一定的权力后，他倾心于"傍大款"，热衷于疯狂"捞钱"，恣意于猎取美色，在个人主义、拜金主义、享乐主义的邪路上越走越远，堕落成为一个政治上与党离心离德、经济上贪得无厌、生活上腐化糜烂的腐败分子，最终撞上反腐败的枪口。

案发后胡长清谈到自己的堕落的原因时说："看到人家下海了，手头有钱花；接触了一些有钱人和做生意的老板，看人家生活得很自在，自己开着豪华小轿车，出入高档酒店，穿的是名牌，喝的是洋酒，吃的是佳肴，身边还带着陪伴小姐，心里有几分羡慕。可想自己从政，身份不允许，条件也不具备，思想上先忍着。"一句"先忍着"，道出了隐藏在胡长清内心深处是非颠倒、美丑不分的肮脏观念。当有了追寻一己之利的机会，胡长清自然会肆无忌惮地索贿受贿，以便把"先忍着"的观念变为现实。

  为了及早把心中"先忍着"的观念变为现实，胡长清有着明确的打算，这就是刻意与大款老板结交，从而享受"自在"的生活并聚敛钱财。他在担任省长助理时对一些大款老板吹嘘说，我"年轻有为，政治上前途无量"，"现在我花你们几个钱，今后等我当了大官只要写个纸条，打个电话，你们就会几百万、几千万地赚。"胡长清的几句话既将贪婪的心态暴露无遗，也将"索贿经"说得一清二楚。胡长清收受、索取财物的18个对象中就有15人是集团公司总经理、董事长、港商、私营企业主管等重量级的"大款"。胡长清与他们拉拉扯扯，称兄道弟，就是看中了他们兜里有钱。而这些人则是心怀鬼胎，看中的是胡长清手中有权。他们出手阔绰，多则数百万元，少则十几万元、数万元数给胡长清，就是用金钱铺路，以牵着贪钱的胡长清的鼻子走，利用胡长清攫取更大的利益。

  已掌握的证据表明，胡长清受贿是从一台大屏幕彩色电视机开始的，收受的第一笔贿赂款是2万元人民币，但他后来的胃口越来越大，一次受贿的数额即达60多万港币，再送给他几万元人民币已看不上眼。法庭调查他收受饲料公司老总送来的4.5万元贿款一事时，他居然用不屑一顾的口气说："那点小钱，我根本就没有记它。"

  在收受贿赂胃口越来越大的同时，胡长清收受贿赂的花样也越来越多。他经常要找借口受贿。当他的职务提升时，给大款朋友们打招呼，接受"恭贺"；当他本人因公出国时，也打招呼，接受出国"花销"；当他儿子要出国时广告消息，接受美元、港币；逢年过节，他不甘寂寞，主动给大款朋友送烟、送酒，以图重金回报；当他举家游昆明时，带上大款买单；妻子、儿女到港澳游玩，邀请老总陪同，又是收钱，又是购物；他不时要人给兑换点美元，弄得大款们哭笑不得，给万把美元显得有点小气，给2万美元觉得有点"心痛"，干脆送上10万元人民币，厚厚的一叠一叠，其情其景，直言难以表白。以至于被胡长清找"借口"纠缠不休的大款们，在他案发后纷纷指控他当时就是索贿。

有的大款在与胡长清的交往中，发现胡长清不仅很贪钱，而且还很好色。为了进一步拉近与胡长清的关系，有的大款便投其所好，除去给胡长清送钱，还给他送女人。原江西省奥特集团公司总经理周雪华就是通过又送钱又送女人，与胡长清"私交甚厚"。1997年6月，周雪华将曾与自己有过暧昧关系的珠海某歌舞厅卖淫女汪小蜜（化名）带到南昌。经过周雪华安排，汪小蜜见到胡长清，娇滴滴地对他说："周总要我专陪省长解闷，如果省长高兴，我可以天天陪……"

待胡长清情不自禁吞下温柔诱饵，汪小蜜成为周雪华手中的王牌，只要胡长清感到寂寞，只要周雪华需要胡长清办事而他又不爽快时，汪小蜜就立即被空运南昌，出卖肉体，直到摆平胡长清为止，往返机票和嫖资自然全部由周雪华承担。周雪华还安排胡长清携带汪小蜜到澳门游玩，同居一室，并观看淫秽表演。后来，周雪华从珠海一家歌舞厅将一名更年轻的卖淫女吴小姐空运南昌，供胡长清嫖宿。与此同时，周雪华还在自己的别墅里，为胡长清布置了一套房屋专供胡长清与情妇们鬼混。

享受着周雪华提供的姿色漂亮的卖淫女，胡长清仍不满足，还出入色情场所。案发后查明，胡长清和私企老板在两年的时间里，私下里到广州、澳门等地嫖娼25次。

包养情妇则是胡长清的另一种淫乱乐趣。别看胡长清貌寝，身材矮小，但他具有副省长的高位、令人渴望的权力和花不完的票子，照样获得了别有他图的女人的青睐，使他不止包养了一个情妇。胡长清包养的情妇中，有一个是赣江宾馆的服务员，小胡长清20多岁，也姓胡，人称"小胡"。1995年8月，胡长清调来南昌任省长助理，住在赣江宾馆2楼，这位胡小姐就在此时与胡长清建立了特殊关系。不久胡小姐提出要买一套住房，胡长清拿出了5万元人民币在南昌市中心地段为这位小情妇买了一套，余下的房款先欠着。当然，这5万元也是有人孝敬的。为回报那家房地产公司，胡长清软硬兼施为之压低购地款320余万元。那家房地产公司也很知趣，不仅将余款一笔勾销，还将先付的5万元如数退回。于是，胡长清不花一文便给小情妇搞定一套住房。胡小姐不愿意做宾馆服务员了，胡长清马上把她调到一家事业单位。

得知胡长清即将调回北京工作，胡小姐感到在南昌没有靠山不好生活，向胡长清提出要到广州工作，而且希望在那里给她买一套住房。胡长清毫不犹豫，调动各方面的关系，事情很快有了着落，还向周雪华要了65万港币在广州为胡小姐买了一套住房。前面说到的胡长清在昆明神秘失踪，就是急着到广州为胡小姐办这些事情去。对这个小情妇，胡长清真是有求必应，费尽了心机。他没想到这却是自己走向黄泉路的开始。

五毒俱全的胡长清，很善于耍两面派，公开场合常常口若悬河，给人以"学者领导"的形象。他一贯标榜自己出身清苦，对党有深厚感情，政治坚定；吹嘘自己不谋私利，从不涉足歌舞厅之类的场所。胡长清的这些表演极富欺骗性，致使不少人认为他是一个爽快豪放、为人坦荡、热心助人、没有"架子"的领导干部。

少年时代的刻苦学习还给胡长清以"学者领导"迷惑人增加了一个砝码。胡长清的书法确有几分功底，出过专集，在全国书法家协会还有头衔。他工作过的湖南省税务系统，曾流传着胡长清因写得一笔好字被某位高层领导赏识而走上仕途的说法。胡长清挥笔题字时经常说他"不是以一个高级干部的身份写字，而是以一个书法家的身份去写。"爱写字也罢了，但他当上副省长后频频在各大酒店、商场、汽车站、药铺、夜总会等场所挥笔题字，使南昌满街头都有他的题匾，足见不是他的字而是他的显赫地位在吸引人请他题字。由于题字过多，当时南昌广为流传着这样的顺口溜："东也湖西也湖，洪城上下古月胡；南长清北长清，大街小巷胡长清。"南昌古称洪都,所以顺口溜称洪城。胡长清频频挥笔题字,既是商家店铺请胡长清副省长过"书法家瘾",也是每每都给他一笔丰厚的"润笔费"。当胡长清身败名裂后,整个南昌市迅速刮起了一股"铲字风",几乎在一夜之间,凡是悬挂着胡长清的"墨宝"便被清除得干干净净。胡长清"以一个书法家去写"的标榜,随之不攻自破。

俗话讲,吃人家的嘴短,拿人家的手软。胡长清兜里装满了受贿的钱,怀里不断搂着送上门的美女,自然要为施用了重饵的"大款"朋友办事效劳,由人民的"公仆"变成了人家的"马仔"。甚至在明显违反国家有关法律、法规的情况下,也要死心塌地帮助办理,不惜给国家造成重大经济损失。1997年11月,周雪华承包的一家公司为了购买玉米,需要贷款,但他的要求被中国农业发展银行江西省分行营业部拒绝。碰了钉子的周雪华不会善罢甘休,他为这事找到了胡长清。听了周雪华的诉说,胡长清当即为周雪华贷款一事向中国农业发展银行江西分行负责人打招呼,并写下"省农发行给予全力支持"的批示。在胡长清的干预下,该行不得不违规向周雪华发放贷款325万元,到期时周雪华只还了14万元,其余的到案发时还没有收回。

将周雪华的奥特停车场升格为客运站,同样是胡长清向有关部门打招呼、施加压力的结果。根据建设部的有关规定,在南昌市八一广场地段,只能建一座大型客运站。颇具商业头脑的周雪华看出在这个地方做生意有钱可赚,便提出自己也要在当地办一座客运站。南昌市公路运输管理处认为,依据南昌公路主枢纽的规划,这处客运站是不宜建设的,因为一来它地处南昌市的心脏地位,交通流量比较大,不便于交通疏导;二来就在它的附近两三百米远还有一个长途汽车站,再建一个的话势必会引起行业的恶性竞争。周雪华要建客运站的请求理所当然被拒绝了。公路运输管理部门不批,周雪华就去找副省长胡长清亲自出面替他扫清道路。为了让周雪华的客运停车场升格为客运站,胡长清竟然向省、市交通部门的六位领导逐个打电话,还"屈尊"宴请上述人员,要求他们给予办理。在公路运输管理部门尚未明确答复的情况下，胡长清干脆下了一道批示："务必本月办妥"。公路运输管理部门被逼得没有办法，不得不同意了周雪华的请求。

香港百利富国际有限公司百利富（江西）房地产开发有限公司总经理林建福，与江西省玉山县政府在承建工程中发生矛盾纠纷，林建福请求胡长清出面帮助解决问题。胡长清胆大妄为，竟然打着受省政府主要领导委托的幌子，主持召开了双方参加的协调会。在协调会上，胡长清的态度明显偏袒林建福，力压玉山县政府照顾林建福的利益。还美其名曰"创造良好的投资环境，发展域内经济"。当着胡副省长的面，玉山县政府只好按胡长清的要求办事。当然，林建福不会让胡长清空忙一场。案发后查明，林建福先后送给胡长清人民币14万元，"劳力士"男、女式手表各1块（价值17万元人民币）。

江西金威集团有限公司的晏广保找到胡长清，恳请胡副省长给新余铁铁厂打个招呼，让新余钢铁厂调整钢材出口品种、降低价格，以及在支付贷款方面给予照顾。虽然自1998年1月担任副省长后，按省政府分工胡长清已不再分管工业，但他还是利用职务便利为人谋利，给新余钢铁厂领导打电话，要求企业尽量照顾金威集团。尽管新余钢铁厂领导清楚这方面的事不归胡副省长管，可胡副省长的面子必须得给，只能不大情愿地下调了钢材价格，造成了几十万元的经济损失。而晏广保为巴结胡长清获取利益，先后两次送给胡长清人民币15万元。

....

一桩桩，一件件，胡长清收受了贿赂，为他人谋取利益居然到了不顾程序、不遗余力、不择手段、不计后果、不顾廉耻的地步！

钱迷心窍的胡长清在担任国家宗教事务管理局副局长、江西省人民政府省长助理、副省长期间，利用职务之便，大搞权钱交易，疯狂敛财，在不到6年的时间里就索贿受贿达人民币545万余元，另有价值人民币160多万元的巨额财产不能说明合法来源。特别是胡长清在江西任职的短短4年中，受贿金额高达542.75万余元。有心人在胡长清案发后做了一个统计分析，他在任省长助理的后期，平均每月受贿近25万元，每日受贿达8000元。然而这还不是最高的纪录，胡长清在1998年3月开始担任副省长的一段时间内，平均每月受贿达33万元，每日受贿1.1万余元，真可谓利欲熏心，日进万金。甚至在1999年1月至4月的"三讲"教育期间，胡长清非但毫不收敛，反而是顶风作案，疯狂敛财，受贿财物高达93万元之巨。从中足可以看出，胡长清受贪婪本性的驱使，索贿受贿居然到了不管不顾的地步。

鲁迅先生当年曾讥讽某些伪君子将孔夫子作为谋取私利的"敲门砖"；如今，党内腐败分子也把"共产主义"挂在嘴上，实际上偷偷在下面干着不可告人的勾当，一旦权力到手，便把以往的"誓言"抛到脑后，专心干起"谋私大业"。

【案例 2】

主要涉案人：田凤山——国土资源部原部长，因受贿罪被判无期徒刑。

案例主题词：外忠内奸

官场"密经"："当官要低调，贪起来才不易被发现。"

很多黑龙江老百姓形容出身低微的田凤山是"土包子"，不论官做到多大，都没脱离一个"土"字。土生土长于黑龙江，满嘴的东北土语，使得田凤山有很多民间笑话。据说，1987 年大兴安岭发生森林大火，田凤山到国务院去汇报灾情，汇报时他一着急说了一句东北土语："整个唥"都着了（"整个唥"就是"全部"的意思），结果这一句东北土话让许多人忙了一天也没在地图上找到"整个唥"是哪个地方。

老实谨慎，不显山不露水，是田凤山在黑龙江期间每个阶段任上给人留下的感觉。曾在田凤山身边工作过的干部称，田凤山为人很谨慎，很平易近人，对上对下都很和蔼，做事很务实，从不锋芒毕露。在他起步的地方义顺，有人举了一个例子：松花江 1998 年大水时候，身为省长的田凤山深入抗洪第一线，"为避嫌，田凤山把指挥部设在另外一个地方，不设在肇源"。

不但谨慎，田凤山的胆小在黑龙江也是有名的。1996 年亚洲冬季运动会在哈尔滨举行，在开幕式上，当时中央的主要领导人到场，田凤山主持开幕式讲话，他第一次在这样高规格的大型场合讲话，很紧张，手拿着讲话稿直哆嗦。

为人谨慎还体现在田凤山与谁交往也不过密，干工作为主。在绥化工作期间，田凤山颇得人缘，至今评价仍"很不错"。当时绥化地区的领导班子成员可分三种类型，一种是原来的老干部、老班底；一种是来绥化镀金的，这种干部但求工作不出错误，很快就调走；另一种则是靠工作业绩上来，踏踏实实做事。人们把田凤山归为第三种类型。田凤山在各个级别上，无论是县里、地区，都曾做过党委或政府一把手，没有靠山，是靠自己的业绩"整"上来的。田凤山担任绥化地区专员时，见了什么人，都主动打招呼。即使在升任省领导后，仍然是这样。田凤山在绥化工作的五年左右时间里，既没有跟谁有利害冲突，也没跟谁有过密交往。

喜欢看书是田凤山的一大嗜好，这种习惯一直保持着。他周末很少在家休息，经常是在办公室里处理事务。遇有闲暇的时候，田凤山经常会把下属叫到办公室，聊聊天，问寒问暖。在省政府大院里，大家都知道田凤山这个省长好处，没有架子，见到谁都会打招呼。"田凤山谨慎低调的处事风格与其出身低微有很大关系，他从农村最底层起步，没有后台，完全靠自己打拼，在风云变幻的官场上，他不得不处处小心。这可能也就是他从一个'土包子'到从政后平步青云的秘诀吧"。一位如今已退休赋闲在家的老干部，这样阐述了他对田凤山工作作风的理解。

熟悉田凤山的人大多数认为，田凤山更像一个"老好人"，谁也不得罪。"所以，田凤山这次出事，我们都觉得很突然，虽然他在工作中没有什么能力，但也没想到他会出现这么大的问题"。在一位接触过田凤山的人的眼里，田凤山不具备那些"大贪"的胆子。

低调为人的特点在田凤山的孩子身上也有所体现。如同自己的父母一样，田凤山本人也有三个儿女。他的两个儿子，大儿子大学毕业后进入了北京一家保险公司，二儿子目前在加拿大。还有一个女儿，曾经在黑龙江最大的运输公司隆运公司工作，职位是副总经理，据说早已调离。田凤山的大儿子是个很平和朴素的人，一点也没有某些高干子弟的飞扬跋扈和天生的优越感，在与同学们的交往中，他从来不会提起自己的父亲和自己的家庭。关于三个儿女的情况，连在田凤山身边的工作人员都很少知道。田凤山的儿女在黑龙江确实不引人注目，他们几乎在社会舆论中没有出现过，这与某些领导干部的子女在地方呼风唤雨很不一样。

待到田凤山被"双规"后，很多传说自然而然牵涉到他的亲属。有消息说，田凤山有一个儿子，曾经在北大上学，上学期间一次给希望工程捐款就达150万元人民币，而且还开着宝马车亲自去送。大学毕业后，他这位儿子去了美国，一周回大陆一次，在父亲的帮助下，专门搞石油生意。

对田凤山亲属的说法，并没有影响许多人对于田凤山的落马极感意外。"我想都没想到田凤山会出事，他从一个农村教员走到今天，太不容易了，本来他都快退休享清福了，太可惜了。"省政府的一位干部多次表达他对田凤山的惋惜。

老资格的原哈尔滨市委书记李根深说："田凤山是农民出身，做过小学教员、公社书记，各个级别的职务都做过，他是一步一步地做上去的，在黑龙江属于'主渠道'上来的官"。

义顺人对田凤山的落马既感到意外，又感到惋惜，因为在他们的印象里，"田凤山胆子很小，非常谨慎"。过去的田凤山让义顺的"大伙挺荣耀的"。为官一贯谨小慎微的田凤山给肇源县带来的影响也是显而易见的。很多人介绍肇源县城市政建设得很漂亮，都会说这是田凤山兄弟的功劳。有人说："作为家乡人，在政策上能倾斜就倾斜一下，真能'借到光'。"

绥化的一些老干部都对田凤山印象不错，但在他们看来，人都是有变化的，"特别是经济大潮涌起之后，人的改变更是非常之快"。"田凤山的落马，是在省里做官之后'犯的毛病'"。

民间在田凤山落马之后编了一首民谣："农民子弟，偏想做官；人挺老实，能力一般；不偏不倚，外忠内奸；学历太浅，没有靠山；别人贪了，你也就贪；今天办你，一点不冤"。

事到如今，要是把田凤山违纪、腐败的蛛丝马迹和他仕途发迹的过程加以比较，不难发现许多值得人们深思问题。

深思之一：在田凤山身上存在不存在这样的现象，一方面他违纪、腐败，同时又在不断地被重用、升迁？田凤山在担任哈尔滨市委书记期间，就与国贸城受贿案有关，但紧接着被提升为省长，再后来又调任北京成为国务院组成人员，所有这些调任、升迁，按照选拔任用程序均需进行严格的考察，而田凤山却能一路升迁，现在看来是否反映出在重要领导职务的选任方面，还存在着制度缺陷？

深思之二：在对高级领导监督中，人民群众究竟能够扮演什么样的角色，发挥什么样的作用？从理论上讲，人民群众是国家权力的主体，所有公职人员行使的权力，都应该受到人民的制约。可是在现实中，人们似乎很难体会到人民对官员、公仆监督的力量。以田凤山违纪、腐败案为例，田凤山落马后，作家陆天明透露电视剧《大雪无痕》中的腐败分子省委顾副书记，就是以田凤山为原型的。《大雪无痕》已在中央电视台黄金时间播过多年，期间田凤山依旧当他的大官。我们不能苛求一个作家当初一定对田凤山的问题进行揭露和举报，退后一步想，假如这位作家当初真的勇敢地站出来揭发了田凤山的问题，也未必能起多少作用。搞不好，还可能遭受到意想不到的灾难。腐败官员最忌讳被人检举揭发，打击报复的手段令人担忧。石家庄市建委那个与原河北省委书记程维高斗争了8年的干部，被开除党籍、投入看守所的经历，即是对这一问题的绝妙注释。在"主人"不敢或不能揭发检举"公仆"问题的地方，在人民担心害怕腐败官员打击报复的地方，人民还能发挥出主人的监督作用吗？

深思之三：对于行使公共权力中的特殊岗位，需要不需要建立特殊的监督框架？实际上从程维高、刘方仁到田凤山，可以发现一个共同现象，就是这些人不是没有经历过一番奋斗，也不是一开始就想成为一个腐败或违纪分子。他们的共同悲剧在于，当他们的权力过大又缺乏有效监督机制的状态下，来自各方面的诱惑、欲望远远超过了人性本身所具有的自制力，以至把自己曾经构建的人生追求、理想大厦击得粉碎。从而成为一个失去正常人格力量的"另类"，一方面冠冕堂皇的职位，决定他们必须在人前演戏，装出"正人君子"的姿态；另一方面，他们又惶惶不可终日，连作梦都想着一旦真相败露，将是一个什么样的下场。腐败官员人格分裂、家破人亡所造成的一幕幕悲剧说明，对那些在公共权力行使中的特殊岗位（位高权重），只有建立特殊的监督框架，才能避免这种"另类"的大量复制涌现，也可以最大限度地避免由于公共权力的滥用，给国家造成难以挽回的损失。

造假经 | 193

当面露道貌　暗下显魔心

【案例1】

主要涉案人：马德
案例主题词：表里不一
官场"密经"："台上是人，台下是鬼。"

一些知情人说，马德当官有"霸气"和"匪气"，言行不一。当了市委书记后，马德开始"无所顾忌"。一次，马德下乡，吃饭时，县委书记不喝酒，马德就罚他靠墙站着；绥化市（现北林区）公安局长"得罪"了马德，第二天马德就下令将其调到较为偏远的明水县公安局担任局长。

马德曾对县委书记们说："我没时间天天看着你们，工作你们自己干，报给我假数字，我就收拾你们。我干过县长、书记、主管工业的副市长，我什么不懂？"

2000年7月3日，马德在中共绥化市委第一次会议上表示，"决不搞以权谋私和权钱交易"，"带头保持清正廉洁"。他说："那些有利于个人功名而损害党和政府形象、影响干群关系的事，我们坚决不做。要形成一种敢于讲真话的良好风气，让吹吹拍拍、拉拉扯扯、弄虚作假等不良风气无法立足。"

然而，在现实生活中，马德又是怎样"带头保持清正廉洁"的？

在绥化，市委书记马德与市长王慎义的矛盾几乎是"公开的秘密"。王慎义比马德大两岁，同样因为受贿而落马。由于建筑工程发包蕴含经济利益，两人都把自己的权力渗透到工程项目中，甚至各自形成了"自己的队伍"，经济问题自然不胜可数。

党内腐败分子往往台上是人，台下是鬼，当面清正廉洁，背后大捞特捞，反映出他们身上的"矛盾人格"。

【案例 2】

主要涉案人：刘方仁
案例主题词：表里不一
官场"密经"："想贪吗？要深藏不露。"

迄今为止，从公开查处的担任过省、市委书记的贪官案情来看，被揭发查证直接收受巨额现金贿赂的，刘方仁似乎是第一人。不过导致刘方仁暴露出贪官本来面目的，并不是因为收受现金贿赂而败露。与许多贪官的最后结局一样，让刘方仁原形毕露从表面上看是一个很偶然的因素。

时任贵州省交通厅厅长的卢万里，因为与一起重大的国债资金腐败案有关联，于2002年1月7日被贵州省九届人大常委会通过决议免去职务。出乎意料的是，卢万里被免去职务不久，在接受审查期间居然于2002年2月匿名出逃海外。这样的人物能成功逃逸，一时间舆论大哗。好在天网恢恢，疏而不漏。时隔仅一年，自以为"已经彻底自由"的卢万里还是被缉拿归案，引渡回国，以涉嫌受贿罪被贵州省人民检察院批准逮捕。经中纪委和检察机关初步查实，1996年3月至2002年1月，卢万里在担任贵州省交通厅厅长期间，利用手中的权力，疯狂索贿受贿高达2500万余元，当之无愧地成为贵州巨贪。

身陷囹圄的卢万里自知罪恶深重，为了立功赎罪，向检察机关检举了原省委书记刘方仁的受贿事实。据卢万里供称，刘方仁曾收受澳大利亚商人谢某所送的价值10.6万元的一对瑞士原装劳力士手表。这位谢某并非别人，他是卢万里的亲戚。1999年8月，谢某回国内做生意，找到卢万里希望帮助打通关节，卢万里自感能力不足，便将谢某引荐给了时任省委书记的刘方仁，那一对劳力士手表是见面礼。

在刘方仁收受的全部贿赂中，这对劳力士手表所占的比重不大，却被看成是最致命的。流传最广的说法是，中纪委正是根据卢万里检举的线索开展调查，最后揪出了刘方仁。一对金光闪闪的手表，犹如金色的手铐，刹时铐住了刘方仁的"政治前途"，撕开了惊天大案的缺口，曾经那么"勤政"的"封疆大吏"就此轰然倒地。

只是这种说法显然与事实有矛盾之处。刘方仁2002年10月初即在北京被"双规"，卢万里则是2003年初才被引渡回国的。所以还有一种说法认为，揭发刘方仁的是此前因经济问题被查处的陈林。不管哪一种说法更为准确，成为贪官的刘方仁终究逃不脱党纪国法的制裁。

从省委书记、省人大常委会主任堕落成阶下囚，刘方仁是咎由自取。但刘方仁既然曾荣任省委书记，说明他有过一段辉煌的过去。翻开刘方仁的履历，他的经历确实不同一般。

生于陕西省武功县的刘方仁，1951年8月不满16岁就参加了工作，1954年12月入党，历任解放军总后勤部军需生产部西安603工厂工人、材料员、计划调度员。1962年毕业于沈阳建筑材料工业学院硅酸盐专业（专科班）。取得大专学历后，刘方仁转到解放军总后勤部军需生产部九江3525工厂工作，从技术员、值班长升至车间副主任。当车间副主任的这段经历对刘方仁后来的发展起了决定性作用。虽然从取得大专学历到离开3525工厂，占去了他人生的15年时光。

时间转眼到了1977年，调离3525工厂的刘方仁已年届不惑，但此后的他像是坐上了直升飞机，开始在仕途上青云直上。1983年7月刘方仁当上了江西省九江市委副书记，随后任市委书记，1985年6月升任江西省委副书记。从1993年2月开始，刘方仁担任江西省第七届政协主席。正当人们以为省政协主席将是刘方仁的仕途终点时，谁知刘方仁仅仅在这个位置上工作了四个月，就再次荣升，被任命为贵州省委书记。说来真巧，从离开3525工厂到主管一方的"封疆大吏"，刘方仁仅用了人生的另外一个 15 年。

主政贵州期间，刘方仁也曾尽到了一个省委书记的职责，因而在老百姓当中也曾赢得了不错的口碑。"比较有实干精神"、"不像一般的领导喜欢打官腔"、"为人比较平易"等等，这些都是有关刘方仁的评价。

由于贵州是众所周知的经济落后省份，人均收入长期处于全国排位很低的水平。刘方仁不论是在担任省委书记，还是担任省人大常委会主任，都曾在多种场合誓言让贵州脱贫。即便到了临被"双规"前的2002年夏天，刘方仁在接受中央媒体采访时所谈的一切还曾让贵州人民深受感动。他认为，对西部大开发"心要热，头脑要冷。"不能一阵风，不能赶浪潮，不能大呼隆，必须一步一个脚印往前走。第一是加紧修路，"要想富，多修路"这句老话对于贵州仍然十分受用。贵州有许多资源优势，矿产、能源、旅游、生物等方面的资源非常丰富。现在的问题是因为交通不便，外面的东西进不来，贵州的东西出不去。大举修路将使贵州从一个"不沿江、不沿海、不沿边"的"三不沿"省份，变成南北贯通、东西联网、两纵两横的通衢大省。第二是退耕还林，也要实事求是。生态保护、退耕还林在贵州有着重大的意义。但是，实际工作中还有许多问题要悉心解决。退耕之后，还什么林？种什么草？如果退耕之后，群众的生活不仅没有好转，反而越过越苦，退耕就是一句空话，你一走，群众就会复耕。而且，退耕还林采用什么样的方式，究竟是由农民自主选择种什么树，还是由政府决定？在贵州这样一个相对落后的地区，农民对市场的了解毕竟有限，自主选择难免有盲目的成份；但如果一概由政府决定，也不一定看得准。因为市场是瞬息万变的，而且种草植树见效比较慢，其中的风险由谁来承担呢？

听了刘方仁的一番话，会使群众感到这是一个非常实干的省级领导干部："我们把交通建设作为贵州的第一个重点来抓。1993年我刚刚上任时，面对的是1000万贫困人口，在当地政府的努力以及世界银行的帮助下，到1999年底，已经有了713万人越过了温饱线，贫困人口占农业人口的比例也由35%下降到10%……我们的计划就是'五年打好基础,十年重点突破,十五年初见成效',按照这三句话去做,我只要在位一天就要干好一天,到2010年,全省农村实现小康!"

倘若刘方仁真如同他所说的那样,那就真无愧是"比较有实干精神"的省委书记了。可是这位在所有场合都为贵州百姓"鼓与呼"的省委书记,人前说的是动听的话语,背后却是个吞噬钱财的贪官。世上没有不透风的墙,不管刘方仁多么善于用动听的话语欺骗朴素的百姓,他那些见不得人的行径还是渐渐传了出去。

贵州省委的办公地点位于贵阳市观水路,是一个开放式的大院。从省委大院的大门走出来,迎面能看到一座低矮的假山,人造瀑布从"山"上流下,别有一番景致。令人不可思议的是,假山临街的另一侧却靠着一座低矮的加油站。加油站无名无号,没人确切地知道是谁在经营。由于地理位置很好,来这里加油的车辆络绎不绝。

把加油站开在威严的省委大门口,不能不说是一个"奇观"。很多贵阳人都认为,这个加油站肯定不是一般人开的,如果不是和省里的某个领导有着非同寻常的关系,想在这个地方开张做生意断无可能。有人编了一句刻薄的顺口溜来讽刺这座加油站的存在:"省委门前一座坟,里面住着刘方仁。"

仿佛有先见之明,这句略显恶毒的顺口溜最终成了刘方仁的谶语。就在刘方仁仕途生涯行将结束的时候,这位时年66岁的高官真的在政治上被埋葬了。

还是在刘方仁卸去省委书记职务时,贵州就曾引起过一阵噪动。2001年1月,中央组织部副部长黄晴宜来到贵州,在全省领导干部大会上宣布了中央关于调整贵州省委、省政府主要领导职务的决定,钱运录任贵州省委书记,不再担任贵州省省长职务;国务院副秘书长石秀诗调任贵州省委副书记,并提名为贵州省省长候选人;刘方仁不再担任贵州省委书记、省委常委,但继续担任省人大常委会主任。

省委、省政府主要领导调整后的一段时间里,刘方仁很少公开露面，况且不少人私下已对刘方仁的一些举止有看法，社会上很快便开始流传刘方仁出事了的说法，人们纷纷猜测他是专门到北京活动去了。过了一段时间刘方仁再次在电视新闻中亮相，颇有市场的传言这才归于沉寂。事实上这次职务调整尚没有其他背景，只是因为到2001年刘方仁已年满65周岁，按中央的规定必须退居二线。

　　因职务调整后引起的有关刘方仁的传言好像是一次预演，之后不到两年，刘方仁贪污受贿和道德败坏等问题就浮出了水面。

实话常碰壁　谎言总通行

【案例1】

主要涉案人：王怀忠
案例主题词：为了不断升迁的"政绩观"
官场"密经"："政绩，不是让老百姓看的，是让领导看的。"

凡是熟悉王怀忠的人都知道，他是从阜阳"辉煌"起来的。在阜阳，不管是恨王怀忠的人还是逢迎王怀忠的人，都不得不承认，王怀忠是个极其聪明的人，是官场中不可多得的"奇才"。对王怀忠的评价，大多集中在"胆大、敢干、聪明、钻营、多疑"这几点上。"王怀忠是这样一个人，他会当面拍着胸脯说给你办事，背后该整你照整。"一位曾与王怀忠共事多年的知情者这样评价。王怀忠的一位老领导找上门来要王帮忙把家人调到银行工作，王怀忠当即把行长叫来，说老领导吩咐的事情得赶紧办理。等老领导前脚刚走，王怀忠又把行长叫回来，告知一定不让此人的家人进银行工作。

王怀忠属20世纪60年代毫县的回乡青年，父亲早亡，家境贫寒，靠乡邻赞助勉强念完初中。王怀忠早年曾当过生产队记工员，每次上级领导前来，总能看到他比别人更加卖力地在做着事情；别人干出来的成绩，到了后来总能不露痕迹地成为他的功劳。因此，没过多久，并没有多少文化、也没有什么资历的王怀忠年纪轻轻就当上了大队党支部书记、公社团委书记。从70年代到80年代初，靠着聪明，王怀忠先后出任乡镇长、乡镇党委书记，并顺利地进入亳县县委常委会。

在许多人看来，王怀忠的聪明，首先就在于他善于做表面功夫，博取领导的赏识。亳县的经济历来在阜阳地区举足轻重，因此阜阳的领导们常常要到亳县视察。那时候，领导们发现，王怀忠很少在晚上10时以前睡过觉，星期天也常常不休息。时任阜阳地委书记、已经过世的李某被认为是王怀忠进入仕途的领路人。王怀忠从公社团委书记到乡镇党委书记、县委常委、县长都是李某一手提拔的。李某生前的一位好友说，李某是一位相当清廉的老干部，他之所以提拔王怀忠，是因为王怀忠给他的印象一直是"勤勤恳恳、务实肯干"的。

说起来王怀忠文化水平不高，但他对中国的干部体制称得上研究得很深。王怀忠那时比很多人都更明确地知道一条最基本的原理：走了样的干部体制，实际上是上面领导说了算，一把手说了算。基于这点，攀交上级领导就成了王怀忠的头等大事。

与聪明相匹配的是，王怀忠还具备了"胆大"的政治心理素质。这种"胆大"首先就体现在王怀忠敢于出手，以不正当、甚至是歪门邪道的手段来拉拢、腐蚀上级领导，获得领导的欢心。王怀忠任亳县（后改为亳州市）县长时，就已开始向安徽省某领导人频递秋波。一次，王怀忠带着一个下属随同他到省城去看望那位领导人，带了一份重礼：两瓶精装的古井贡酒。那时物资匮乏，生活水平低，一瓶古井贡酒不仅名贵而且要凭县领导人的批条才能购买到，精装的古井贡酒就更不用说了。王怀忠此举令当时跟随他到省城的下属心惊不已。从那时起，王怀忠和那位领导人开始频繁走动。随着时间的推移和生活水平的提高，王怀忠的胆子越来越大，出手也越来越大，因而被人送了一个外号"王大胆"。

1986年底，上级准备将时任亳州市委书记的王怀忠提拔为阜阳地区行署副专员，因为一些老干部的反对，民意测评没有通过。安徽省那位领导人特意赶到阜阳视察，在一个会议上为王怀忠说好话："看一个人要看全面嘛，现在改革开放，重要的是他有没有开拓的精神。"没过多久，省委组织部再次组织考评，王怀忠顺利通过。

据说王怀忠与那位省领导人还有一个耐人寻味的故事：王怀忠当专员时，有一年那位领导人的儿子结婚，王怀忠和时任副专员的徐合迎、肖作新三人商议，要一起"表示表示"。肖作新说，那我们一人送5万吧，徐合迎赞同而王怀忠不置可否。后来三人分别送礼，肖作新拿了5万，徐合迎给了10万，而王怀忠送了20万。许多熟知这段故事的人说，虽然肖作新文化程度高，背景比王怀忠深，资历比王怀忠老，平时又看不起王怀忠，但是要说到心计之深，实在比王怀忠差远了。

论大胆王怀忠有一个特点是，不在乎底下人说什么，只在乎上面领导的脸色。"只要听说谁跟北京有关系，他削尖脑袋都要认识。"1999年，阜阳市来了一个自称是中央某领导女婿的人，王怀忠主动热情接待，小心伺候，后来又从扶贫款中拨出3000万元购买了"中央领导女婿"推销的劣质钢材，结果这个"中央领导女婿"卷款而走，下落不明。这件事在阜阳成了人们茶余饭后的一个笑柄。

王怀忠大胆的另一个方面体现在他善于揣摩上级领导的意图，敢于按照上级领导的意图炮制虚假的典型和业绩，而且一般都能成功。在王怀忠任亳县县委书记的时候，正是安徽省唱"发展乡镇企业"调子唱得最响的时候，曾经当过王怀忠下属的亳县一位官员说，有一年，亳县向安徽省上报乡镇企业的产值，当时全县乡镇企业产值只有几千万，但是王怀忠大笔一挥，上报的产值一下子就变成了几个亿，这个"成绩"很快成了安徽省的典型。

善于变魔术，则是王怀忠大胆的另一个招术。他可以将一个乡村里最贫穷的人家，一夜之间变成一个"小康家庭"。王怀忠在担任亳州市委书记时，一位中直机关的工作人员前来考察，王怀忠探知消息，令人将某村最穷的一个村民找来，让他搬到一间事先腾空的房屋里，把别人家的牛、羊、猪以及家具等统统借来，再让村长、村支书等教那个村民说一套"由贫致富"的经过,并要用自己的语言流露出"感谢现任市领导的帮助。"

1996年,王怀忠任阜阳市委书记,当时亳州以产黄牛著称。王怀忠突发奇想,要将亳州塑造成闻名全国的"黄牛金三角",提出要让农民们"赶着黄牛奔小康。"王怀忠和他的下属们用了半年的时间筹备召开一个全国性的黄牛工作会议。一些官员说,本来政府牵头搞一个黄牛会议,促进地方经济发展是好事,但是到了王怀忠手里,一切都变了味。他的用意并非是促进经济发展,而是自己捞取政治资本。

黄牛会议的会场布置在从蒙城到涡阳、利辛三县的公路边上。开会前夕,王怀忠下令,要村民们几天之内在公路两旁搭建牛棚,每户村民必须牵一头牛到指定的牛棚里,以供上级领导们前来参观。很多村民自家没有牛,只好花钱从别处租牛,租金是一头牛一天10元钱。据说当年每户村民搭建牛棚、租借黄牛的花费平均在数十元以上,而当时这些村民一年的收入,不过一两百元。

一位曾与王怀忠共过事的老干部回忆说,1994年春,某上级领导人在阜阳调研,与王怀忠有这样一番对话:"怀忠,去年乡镇企业的总产值完成多少?""168亿。""今年呢?""236亿。""翻一番,400亿怎么样?""没问题!"王怀忠的回答很爽快。1994年阜阳地区乡镇企业的总产值果然是408亿。这位老干部说,那位领导人是搞工业出身的,应该具备这方面基本的常识。很显然,他喜欢这些数字。

王怀忠造假的极致是,有一年阜阳市上报的财政收入竟然高达400多亿,而在辖下的涡阳县则出现了纳税人为秦始皇、克林顿、叶利钦等古今中外政要名人的假纳税发票。

但这些虚假的政绩毕竟为王怀忠带来了他渴望的好处,王怀忠的官越做越大,而且升迁的速度相当惊人。1993年他当上阜阳地委副书记、行署专员后,两年之内就升任为地委书记(次年撤地改市后成为市委书记),而当上市委书记仅三年之后又升任为安徽省副省长,平均两年多升一次官。

一个在王怀忠"身边"很近的县委书记说,王书记一次酒后让他附耳过去,告诉他:"只要你能搞出政绩,就算你能,能上。但关键不是让百姓看到政绩,要让我(领导)看到政绩。"

按语

以上这番话称得上是王怀忠的肺腑之言,也为他的"聪明、大胆"做了最好的注解。他就是要不择手段地用所谓"政绩"换取上级领导的"赏识",以实现他不断升迁的欲望。

贪官者千方百计"树典型,做样板",着眼点是对上,是办给上头看的,正像王怀忠所说:"只要你能搞出政绩,就算你能,能上。但关键不是让百姓看到政绩,要让领导看到政绩"。他们的那些"政绩"尽管充满劳民伤财的气味,尽管没有经过民主决策和科学论证,尽管入不敷出,只要能捞取"升官资本",能多得一点晋升"含金量",也就不顾其"政绩观"的丑陋了。可恨的是:贪官用在"政绩"上的支出多了,人民和国家的负担也就加重了!

【案例 2】

主要涉案人：李真

案例主题词：弄虚作假，以骗求"升"

官场潜规则："走官场这条路，首先要学会编瞎话、'套关系'、找靠山、走捷径，否则你就像蒙眼推磨的瞎驴，一辈子原地转圈儿吧！"

在红极河北政坛时，李真常向别人吹嘘父亲是老红军，自己是从中国人民大学分配到中央办公厅，到河北是来基层锻炼的等等。当了解了李真的实际底细后，会发现远远不是那么回事。

李真的祖籍是山西省大同市，1962年5月29日，他出生在河北省张家口市。父亲是一个为新中国建立做出贡献的老干部，只是还称不上是老红军。

1979年9月中学毕业后，李真考入河北师范大学在张家口柴沟堡师范学校举办的大专师资班。经过两年的学习，李真被分配到涿鹿县某中学担任物理教员。他厌倦枯燥无味的教师工作，通过家人的帮助，他于1982年3月调入张家口市某研究所。

20世纪80年代中期，全国兴起了修志热，张家口市也开始了修志工作，期间请回了曾在张家口市担任过主要领导工作的杨某，以便为修志搜集珍贵的资料。杨某曾率部浴血奋战在张家口这片深山热土上，李真的父亲作为杨某的部下曾与其同生死共患难，结下了深厚的友谊。新中国成立后，杨某根据中央的指派，调东北某省担任重要领导职务。

几十年后杨某重返张家口，老战友重逢，心情激动自不必说。

此时的李真已是张家口市计经委的一名机关干部，看到父亲的老领导、老战友在市委、市政府倍受尊崇，便动了背靠大树好乘凉的念头。倚仗着父亲的关系，李真很快得到杨某的喜欢和信任，后来干脆认杨某为义父。有了义父这棵参天大树做后台，在计经委工作的李真说话的口气和为人处事渐渐发生了高人一头的变化。他的作派引起了同事们的不满与领导的反感。人际关系的紧张使李真不好在计经委再工作下去，为改变一下工作环境，他在1988年调入了张家口市油漆厂。

虽然换了工作单位，但李真并不满足在油漆厂这个弹丸之地浪费青春。他找到义父，倾诉自己的苦恼，恳请义父给他调换一个比较好的工作环境。义父虽说离开了领导岗位，可在北京还是有不少枪林弹雨闯荡过来的老战友，很快将李真介绍到已退出领导岗位的一位军界高级将领家里当生活秘书。名义上是生活秘书，实际上就是每天买买菜、打扫打扫卫生，照顾好老将军的生活。刚来时，李真对这份工作充满了神秘与好奇，但日子一久他就感到了这种生活的枯燥与无味。敏感的李真意识到，在这位老将军的家里，他只有优越的生活环境和生活条件，但在仕途上不会有太大的发展。因此，他萌生了离开此地的想法。3个月后，李真找了个借口，离开了老将军。

1989年，李真来到了河北省会石家庄发展。为了在仕途上能够尽快飞起来，李真回到原单位，通过关系伪造了干部档案，他本来是预备党员，经热心人帮助，根本没有履行正常的组织程序，摇身一变成为正式党员；他的行政职级本来是个科员，还是通过热心人的帮助，干部履历表里的职务一栏里变成了正科级，而且晋升了三级工资。闪闪发光的档案再加上贵人相助，1989年7月，李真如愿调入了河北省企业投资总公司。一年零四个月后，他又一跃成为河北省某副省长的秘书，半年后升任副处级秘书。1992年6月，他又改任省政府办公厅秘书，同年12月升为正处级秘书。1993年6月，改任省委办公厅秘书，1994年12月被任命为河北省委办公厅副主任。李真从调入石家庄到1994年12月,短短5年的时间内职位频频升迁,速度之快在政界实属罕见。以至许多不了解李真背景的人对这个年轻人刮目相看,暗暗猜测他的来头。李真这个少年得志的"河北第一秘"在省委、省政府大院内,给人们留下了一片神秘的色彩。

虚张造声势　全为谋升迁

【案例】

主要涉案人：王怀忠

案例主题词：大搞造假工程

官场"密经"："当官要造势，以掩人耳目；至于实质内容完全是次要的。"

阜阳市的人口数量之多，在全国的地级市中首屈一指，这自然成为王怀中到处炫耀的资本。他常拿阜阳与上海比，对下属们说，阜阳是中国第一大都市，人口1220万，比上海还多20万，"我这个市委书记，丝毫不比上海市委书记弱嘛！"

拿阜阳与上海比，把阜阳说成是中国第一大都市，并非仅仅停留在王怀忠的口头上，他要在这方面大做文章。20世纪90年代中期，王怀忠提出了一个将阜阳建成淮北大都市的设想。与大都市设想相匹配的，是"大机场"计划。阜阳飞机场原先是个很小的飞机场，只飞阜阳到合肥的专线小飞机，王怀忠认为这有损于阜阳大都市的形象，必须扩建成一个可以开通国际航班的大机场。王怀忠向下属们讲述扩建机场的种种好处（诸如提升阜阳的"国际形象"等），还以他的亲身经历来说明扩建大机场的重要性："我到深圳以及马来西亚等地去招商引资，经常有大老板和外商问我，有没有从当地飞往阜阳的航班呀？"

同许多事情一样，王怀忠不顾市委其他领导人的反对，圈地数千亩作扩建机场之用。为了争取有关部门的支持，王怀忠向安徽省民航局提出，扩建机场后保证上座率在60%以上，如果客源不足由阜阳地方财政给予补贴。一位当年反对扩建机场的市委领导人说，当时他算了一笔账，扩建后的机场如果启动，阜阳财政每年要补贴700万元以上，以阜阳的财力，如何可行？可笑的是，一直到飞机场扩建施工完毕，王怀忠连扩建机场的可行性报告都没有看几页。

扩建机场的可行性报告王怀忠顾不上看，但扩建机场的具体操作可抓得很紧。1995年底，飞机场扩建工程正式动工，阜阳市的政府工作人员、教师、农民每人被摊派了数百元的机场建设费。从当年起，阜阳市政府开始下达硬性财政收入指标，以致给下面的工作造成了极大的压力。某乡镇曾经发生过一起乡长带枪强收提留款打死村民的事件，而王怀忠对此不闻不问。

当年跟阜阳一同申请扩建机场的还有江苏省南通市，在方案、图纸以及批文几乎同时下达的情况下，南通的飞机场不到两年就完成了，耗资不到1亿；而阜阳的飞机场直到1998年才完成，耗资从预计的6000万追加到3.2亿。时间长、耗资大的飞机场经扩建投入使用后，由于客源严重不足，勉强运行了一年的时间，不得不被迫关闭。从此，飞机场成为野鸟的乐园。

除了大机场外，王怀忠在阜阳还搞了几个"大"的形象工程：大电厂、大油田、大动物园等。这些"大"的形象工程，最荒唐的要数大动物园。

1994年，王怀忠到东南亚诸国转了一圈，回来后脑子一热，提出要建一个世界上最大的动物园"龙潭虎穴"，要在这个动物园里养千只老虎、万头巨鳄。王怀忠设想，这个动物园搞成后，将使阜阳成为中原地区的一大观光旅游中心。王怀忠在向下属们介绍这个动物园的设想时，把前景描绘的相当辉煌：老虎全身都是宝，活着可以让人观看卖门票，宰了更值钱——虎骨是名贵的药材，虎皮是珍贵的毛皮，虎肉是可口的山珍……听得众人瞠目结舌。

　　没有经过规划和设计，甚至王怀忠自己也没有一个成熟的方案，他就让圈地数百亩，发动数万干部、教师、学生去做开挖"龙潭虎穴"的义务劳动。由于开挖"龙潭虎穴"毁了不少良田，以至于被占土地的村民们成群结队地前往市政府上访请愿。这个动物园工程历时三年、耗资千万，千只老虎和万头巨鳄还不知在什么地方，最终半途而废。王怀忠允诺给占地村民的补偿，至王怀忠案发前没有兑现。

　　与动物园相比，电厂则可以说是最令人伤心的工程。阜阳电厂是安徽省"九五"重点工程项目之一，按照当时安徽省一份正式文件里的说法，电厂准备利用亚行的5亿美元贷款筹建。但电厂从1999年开建，至王怀忠案发时几乎处于停建状态，先期投入的几亿资金成了一个巨大的黑洞。无需多言，王怀忠自然是这个电厂项目的积极倡导者。至于电厂项目形成黑洞状况的原因，中纪委专案组在王怀忠案发后便着力查处。

　　王怀忠称得上是搞形象工程的"集大成者"，每个形象工程实施前都被他描绘得天花乱坠，他个人也确实从形象工程中得到了好处，但几大形象工程下来，造成阜阳经济元气大伤。据调查，几大形象工程至少透支了阜阳未来10年的财力。

制度墙上挂　对策心中留

【案例1】

主要涉案人：马德

案例主题词：对制度建设言行不一

官场"密经"："制度是啥？是挂在嘴上、写在纸上的东西。"

马德担任绥化市委书记时，非常"重视"制度建设。他曾提出"坚持完善干部考察预告制、干部任前公示制、常委会投票表决制"。

2002年1月24日，绥化市组织工作会议上，他提出"领导干部和各级领导班子、各级党组织推荐干部，必须署名，写清推荐理由，实行推荐责任制。

绥化市组织部门向记者提供了一份《推荐干部责任书》，上面写着："中共绥化市委：本着对党的事业、对干部选拔任用高度负责的精神，我以个人的名义郑重地向市委推荐某某同志担任职务。如果推荐情况不实，被推荐人'带病'任职或任职后出现问题，属于用人失察失误，造成不良后果的，我绝不推责辞咎，愿意接受市委对我的任何处分。"

签字署名的是各县市区的主要领导干部，旁边注明"此责任书在选拔干部的酝酿、决策环节公开；任用后，由市委组织部长期存档。"

2001年10月16日，绥化有关县市提出五个不用："溜须拍马的不用，好吃懒做的不用，跑官要官的不用，平庸无为的不用，无德无廉、形象不端的不用"。

2001年12月5日，绥化全面实施党政领导班子成员廉政述职，提出"把群众关心的热点问题以及各业务环节中的一些容易出现腐败问题的事项全部纳入述职内容中。"

2002年1月10日，绥化市委一届6次全委(扩大)会议召开，马德强调："坚持用好的作风选人，选作风好的人。"就如何落实《关于领导干部廉政述职的实施意见》，马德说："领导干部述廉、群众评廉、组织考廉等有效措施，使全市领导干部廉洁自律工作取得新突破。"

然而，马德案的爆发，充分说明这些制度形同虚设。

【案例 2】

主要涉案人：马德
案例主题词：同上例
官场"密经"："在强权面前，选举制度不过是任人摆布的布娃娃！谁上、谁不上，台底下的人知道个屁！"

根据我国现行的干部管理制度，副省长、省高级人民法院院长、省人民检察院检察长等须由省人大代表选举表决方能通过。而令人费解的是，一些在群众中口碑极差的人，却都在人大获得高票通过。

据黑龙江省的一些人大代表揭露，本来有些人可以在人大划票阶段被选下去，可由于韩桂芝等"问题官员"坐镇党的重要部门，在他们反复"做工作"甚至"监督"下，领导干部选举程序竟变成了他们"买官卖官"的工具。

像一些官员的劣迹，代表们心中是有数的，可在给他们划票之前，党委要召开人大代表中全体党员大会来"统一思想"，简单介绍一下个人简历，然后就是什么"工作能力强"、"具有开拓精神"等一些套话，并且解释说基层虽然有一些传言，但他们调查了没有那些事，有些同志难免有这样或那样的缺点，但"人无完人"、"看一个人要看主流"，还希望全体党员干部从党的事业大局出发，和党委保持一致，确保"党组织"推荐的干部顺利选上去。

按理说，以上这些话也没什么问题，然而，"巧合"的是推荐这些干部的部门主要负责人是韩桂芝等"问题官员"，他们说的话究竟是代表党组织的意志还是个人的意志？如果他收了别人的好处，明明实施的是个人的意志，却用"党组织"的大帽子压制众人，究竟会给党的事业带来怎样的危害？需要反思的是，怎样才能保证一些人在台上的讲话是代表党组织而不是他个人？

许多人大代表对落马官员当初被选上时的选举划票方式提出了质疑。据一位人大代表说，一位落马的副省级干部在当初人大对他进行投票选举时，划票方式发生了变化，即同意的不划任何标记，不同意的划"×"，弃权的划"〇"。也就是说，只要你动笔就表明你不是不同意就是弃权。在党委召开会议统一代表中党员的思想后，谁划反对票或弃权票显然成了和党组织不保持一致，而且因为要"动笔"，"反对者"就会昭示于众目睽睽之下。

一些代表描述当时划票的情形时说，在代表们一个挨一个端坐的选举会场，哪怕不是很大的动作，主席台上的人也会看得清清楚楚。会场两旁的过道到处是相关部门的工作人员，他们不停地来回走动。许多代表说，自己划票那天根本就没带笔，因为不需要带也不敢带，拿到选票后就直接扔进了票箱；有的代表为避免被怀疑和"党组织"不保持一致，进会场时干脆不穿外套以表明自己没有带笔。

即使在这种情况下，一些代表还是"冒险"做"小动作"以维护自己的选举权力。一位代表说，有的代表把油笔的笔芯抽出来，用剪子从笔尖处剪下很小一段，捏在两个手指里步入会场，划票时挺直腰板、目光前视，胳膊肘不动，这样手上的动作就不会让人察觉。一位代表在接受记者某家媒体采访时说，自己旁边的一位代表不经意地把票放在桌面上，身体上半身趴在了桌子上，他提醒说："你干吗呢？""我没干什么呀。"这位代表回答。"那你老趴着干什么？旁边的工作人员都瞅你半天了。"这位代表一抬头，果然看见旁边过道上一位工作人员盯着自己，他赶紧挺直身子，用双手拿着票冲着工作人员举了起来。整个会场上，许多代表从拿到选票后就是这么举着，让人觉得很奇怪，然后举着走向投票箱，直到把票投进箱里。

就是这样的划票，一些当选官员还是丢了几十张票。这种划票方式后来被沿用到许多次选举上,包括此次落马的众多高级别官员。许多代表表示不理解:难道一动笔就和党组织保持不一致了?党员就不应该有自由的选举权吗?

许多人大代表提出,我们有关的制度是不缺乏的,关键是要把原则上的要求做实,不要形成人为的"突破",人大应该更多地行使权力而不仅仅是履行程序。

按语

"潜规则"消极影响换届工作,是换届工作的巨大隐患,必须全力破解。

"潜规则"是相对于"明"或"显"规则而言的,它游离于正式制度之外,是一些人私下遵守、心知肚明的官场陋规。它具有隐蔽性强、欺骗性大等特点,对换届工作有不可忽视、不容低估的消极影响,是换届工作的巨大隐患。

危害一:架空制度。"潜规则"往往使制度形同虚设。原黑龙江省绥化市委书记马德也"重视"制度建设,表面上高喊要坚持完善干部考察预告制、干部任前公示制、常委会投票表决制,高谈要以领导干部述廉、群众评廉、组织考廉等措施落实廉政工作。可暗地里,马德敛财2385万,凡向他进贡80~100万的干部都被安排当上了县委书记、县长、市局局长等。在马德一类人那里,"任人唯贤"敌不过"任人唯钱"这一"潜规则",致使党的干部政策和规章制度成了一纸空文。

危害二:逆向淘汰。在有的地方出现了"小人竞进,好人受气;清官被挤,好官遭斥"的现象。据报道,安徽省阜阳市物价局原局长不屈从"潜规则",只能辞职走人。江苏省泗洪县原县委常委、宣传部长不按潜规则办事,尽管得到了人民群众的信任,却在官场被视为异类。"潜规则"在有些地方如同一个巨大的漩涡和黑洞,许多人难以摆脱，谁不遵守就被视为另类，最终则会被淘汰出局。

危害三：恶性循环。按潜规则去做，很容易形成这样一个链条：买官→保官→卖官；有买就有卖，买完再去卖，官场成市场。这样纵横交错，使得"潜规则"在一些地方很有市场，即使有的本来正直的人，在"潜规则"面前，意志也动摇了，考虑自己是不是也要向贪官有所"表示"。

现在需要用新的内涵丰富充实党管干部的原则，从党的执政实质就是支持和领导人民当家作主这一前提出发，我们应该充分发挥人大代表的作用，即使出现了上级人选被"差"的情况，也应该认为是人大代表民主意识增强的体现，这就要求党委推荐人选时要选准，尽可能得到人民群众的认可，这也是党管干部的本质要求。而发扬党内民主的根本，是要明确和解决党内权力属于全体党员的问题，应该充分尊重和保障党员和党代表的选举权力。这样，党的干部任免权，人民的选择权就不会因过分集中而成为个人权力，党内就不会出现这么大面积高层次的"跑官卖官"现象。

假戏需真唱　至死不吐实

【案例】

主要涉案人：王怀忠
案例主题词：以无赖和谎术抵抗办案
官场"密经"："死到临头也要骗！"

　　地处淮河流域的安徽省阜阳市，古今往来之所以有点名气，别的姑且不论，三国时的曹操的故乡恐怕是个颇为重要的原因。鲁迅先生说过："曹操是个很有本事的人，至少是一个英雄，我虽不是曹操一党，但无论如何，总是非常佩服他"。观史而论，曹操确实是个"胆大、敢干"的人，他以青州兵起家，在群雄割据中"挟天子以令诸侯"，逐个荡平吕布、袁绍等军阀，统一了中国的北方；又施屯田养兵之策，兴修水利，使所辖之地的社会经济得以恢复和发展，在客观上有利于民众的安定生活。在中国两千多年封建专制主义社会的统治者中，曹操称得上是一个具有代表性的符号。论文采，论雄心，论本事——特别是权谋、武略和为达到目的所使用的手段，其心之黑、手之狠和脸皮之厚，难得能有人与其相提并论。曹操今日翻手为云，明日覆手为雨，不愧是一个样板性人物。

　　与历史上的曹操同为阜阳市所辖亳州人的王怀忠，从任亳县县长、县委书记开始，步步高升到阜阳地区副专员、专员、地委书记、地改市后的市委书记，最后出任安徽省副省长。据说此人素以"胆大、敢干、善钻营、颇多疑"著称，在当地得了个"现代曹操"的绰号。可惜，这个"现代曹操"与历史上的曹操不可同日而语。当地人这么称谓他，显然别有用意。因为称他为"现代曹操"时，当地还流传着民谣："只要反腐不放松，早晚抓住王怀忠。"王怀忠的最终结局，也正如民谣所称。

继2001年4月7日被"双规"、2002年10月14日被依法逮捕后，2003年11月3日，由济南市人民检察院向济南市中级人民法院对王怀忠提起公诉；2003年12月10日，济南市中级人民法院以受贿罪、巨额财产来源不明罪一审判处王怀忠死刑，剥夺政治权利终身。2004年1月15日，山东省高级人民法院作出二审裁定，维持一审对王怀忠的死刑判决。经最高人民法院核准，2004年2月12日，王怀忠在山东省济南市被执行死刑。王怀忠被执行死刑后，又有一段有关王怀忠的民谣在阜阳广为流传，说王怀忠是"发迹于亳县，成长于亳州，壮大于阜阳，败落于合肥，灭亡于济南。"

2002年5月底，一个闷热得"仿佛咳嗽声都能将空气点着"的下午，200余名官员神色凝重，鱼贯进入安徽省阜阳市委会议大厅里。空气中弥漫着焦虑和不安，人们心事重重，纵然遇到平时熟悉的同僚、上级或下级，也视而不见，连招呼也不打一个。这些官员是阜阳市的市级领导和各部门的负责人，以及下辖各县市的头头脑脑，他们是应中纪委、安徽省纪委相关负责人召集，前来观看一部令很多人心情沉重的资料片。

资料片开播后，屏幕上出现了一个"看起来状态不太好"的男人，他坐在一把椅子上，把头扭向一边；镜头切换之后，这个50多岁的男人开始双手蒙脸，哭泣起来；镜头再换，此人"扑通"一声"趴"在地上——观看资料片的官员们感觉到他是想跪下去，却好像身体不适，跪不下去，便以头叩地，颤抖着声音说："我愿意认罪，我愿意认罪，请求组织饶我一命……"喊饶命的"男主角"是大家熟悉的阜阳市委前任书记、安徽省前副省长王怀忠,他正在中纪委办案人员面前作检查。

片中所展示的,就是广为人知的"王怀忠三步曲"——第一步是什么也不讲;第二步是痛哭流涕;第三步是跪着求饶。王怀忠的失态在观看者中引起了极大震动。王怀忠喊饶命之后,接下来开始交待问题。他将自己的问题归结为几点:经济问题、买官卖官、好大喜功、生活糜烂腐败。

"王怀忠三步曲"播放完毕后,中纪委负责王怀忠案的专案组负责人向阜阳市在场的大大小小的官员们宣布:凡是与王怀忠问题有牵连的干部,必须主动交待问题;否则一旦查出将从重处罚。

王怀忠的腐败问题,带出了一大批权力系统的关键人物。根据透露出来的消息,中纪委办案人员在谈到审查王怀忠案件时一连说了几个没想到:没想到涉案数额如此之巨,没想到牵涉的官员如此之多——在观看"王怀忠三步曲"之前,王怀忠"咬"出来的官员已多达160多名,当时这个数字还呈现不断扩大的态势。

那王怀忠到底贪占了多少钱财呢?当中纪委专案组正在调查中时,阜阳民间广为流传的一种说法是,原市长肖作新贪占的数额是2000万,王怀忠后来居上,很可能数以"亿"计。在王怀忠众多的经济问题中,倒卖国有土地、贪污受贿的问题显得最为突出。据阜阳市有关部门介绍,自1996年以来,经王怀忠之手批出的土地,明显属于国有资产大量流失。在国有土地应收益的资源流失中,至少有10个大款应运而生。根据一些媒体报道,在已经查明的案件中,仅数名大款"朋友"就向王怀忠行贿数百万元以上。当听到王怀忠被立案审查时,阜阳的一些大款叫嚣,就是倾家荡产也要"保"王怀忠过关。有的人更是一次拿出200万元巨款欲为王怀忠"解套"。

民间流传的说法虽然不能成为法律依据,但随着王怀忠案沉尘落定,民间流传的说法也得到了一定的印证。在检察机关指控王怀忠的7笔受贿事实中,行贿人都是个体私营老板。据公诉人介绍,为了满足部分老板的私欲，王怀忠在房地产开发、土地批租中，违反国家规定，擅自批准为他们的公司减免土地出让金、城市建设配套费及其他应上缴的费用，动辄几十万元，甚至上千万元，最终造成国家直接损失4162万元。至于王怀忠敛取的不义之财，最高人民法院合议庭复核的结论是，王怀忠索取他人275万元人民币，非法收受他人230万元人民币，1万元澳币，共计折合517.1万元人民币；对价值480.58万元人民币的财产不能说明合法来源。两项犯罪数额合计，折合997.68万元人民币。

不要以为王怀忠在办案人员面前表演了一番"三步曲"，就会彻底交待罪行，其实不然。王怀忠在位时主管过政法工作，对司法知识掌握的程度，让他的辩护律师都感到吃惊，然而他到死都拒不认罪，毫无忏悔之心。如果说王怀忠是继胡长清、成克杰之后，我国改革开放以来第三个被处以极刑的省部级以上腐败高官，他更是"出了事"的副省级高官中唯一拒不认罪的。

或许是在办案人员面前表演了一番"三步曲"后，王怀忠调整了心态，转而采取拒不认罪的对抗方式。这大概与王怀忠熟知司法知识有关，他心中的活命"底线"是受贿额度1000万元，自认为已经判刑的省级贪官犯罪案件，犯罪数额在1000万元以下的不会判死刑。为了使法院认定的犯罪数额不超过1000万元，王怀忠费尽心机。对办案人员他总是先夸奖对方一番，再鸣冤称他的案子"是共和国历史上最大的冤案，"然后给办案人员许愿。8次提审，王怀忠每次都要提出狡辩的理由，不断提出新的证人、知情人，接下来便是出尔反尔，拒不认罪，有时甚至把亲笔供词当场撕掉。最后，王怀忠还诬陷办案人员刑讯逼供。

导致王怀忠与"双规"之初判若两人的主要原因，恐怕就是他对活下来的渴望。对活下来的渴望和努力，王怀忠远远超过了胡长青、成克杰。在秦城监狱里，王怀忠没有一天不学习《刑法》。单从"刻苦"这个角度说，王怀忠确实是当今不求上进者学习的榜样，可惜他的劲头来得太晚了些,动机也实在是和任何褒义词都不沾边的。

"王怀忠错误地估计了党中央反腐败的决心和力度,心存侥幸,最终聪明反被聪明误。"谈到王怀忠的最终结局,山东省检察院副检察长李敬武的话意味深长。试想,倘若王怀忠不是顽固地对抗检察机关的调查,而是如实交待问题,他领到的也许不是一张判处他死刑的"地狱派遣证"。最高人民法院刑事审判第二庭副庭长任卫华的话从一个侧面印证了这个推测。

任卫华说,数额不是量刑的唯一根据。以李嘉廷、丛福奎两个省部级高官腐败案为例,李嘉廷受贿1800多万元,但在法院审理期间,检举了两个国家工作人员的职务犯罪,还具有其他的酌定从轻处罚情节。因此,法院认为对李嘉廷判处死刑,不需要立即执行。丛福奎受贿930多万元,但大部分受贿数额是丛福奎自己坦白的,法院认为对丛福奎判处死刑,不必立即执行。

尽管在王怀忠的脑子里,好像已删除了"坦白从宽,抗拒从严"的概念,或者是他对这个概念的误读已久,一直不肯进行校正,也使他从在办案人员面前的"三步曲"转变为拒不认罪。但公诉机关用76本卷宗无可辩驳的事实,还是将王怀忠案办成了铁案。

看来,"说谎"两个字已经完全融化在贪官们的血液中,死到临头也极难听到他们嘴里的一句实话。实在是可悲啊!尽管他们曾经红极一时、霸道一时、"辉煌"一时,但是他们活得太"累"了、太丑了、太令人作呕了!凡贪必假,因为贪国之财、贪民之财是罪恶的,是见不得人的,所以,贪官们一定会千方百计地掩饰自己、美化自己。但是,凡罪恶终有报应,凡假象终将败露!历史已经证明、并将继续证明:一切贪官都不会有好下场!

后 记

此书列举的数贪官均为近年来全国著名腐败大案的主犯,其中多为省部级以上领导干部,具有一定的典型性。

作者的目的并非纯粹地揭露案情,而是力图从深层次剖析这些腐败分子的肮脏心理。因此,"贪魂"是本书刻画和剖析的重点。也许对于各级党组织和纪检系统开展反腐败斗争有一定的借鉴作用。

收笔之后,笔者又联想到一个问题:在有些地方,为什么贪官不"臭",甚至不断有人去"效仿"之、"承继"之?也许是贪官的"官位"及其丰厚的"权益"具有一定的诱惑力。

其实,对于一个纯正的共产党员来说,"官位"算得了什么呢?除了"为人民服务"的宗旨和责任,"官位"不过是个"符号"而已。唯有责任重千钧,"官位"又能称几两?

现实则不然。为了区区"官位",打破脑袋者有之,陷害诬告者有之,行贿受贿者有之,出卖灵魂者亦有之。

呜呼!"官位"就那么重要吗?

君不见,有些可怜的人们,为了那一官半职,朝思暮想,梦寐以求,活活"消得人憔悴"。

君不见,有些可怜的人们,为了那一官半职,苦心经营,诚惶诚恐,大气不敢出,小气不敢喘,唯唯诺诺,尊严贱售。

君不见,有些可怜的人们,为了那一官半职,神经兮兮,人格分裂:上级面前,如歌妓见嫖客,一笑百媚生;群众面前,似冰雪寒霜降,狗脸耷三尺。

呜呼！"官位"就那么重要吗？

还有那更可鄙者，为了那一官半职，不惜丢弃道德，甚至违法乱纪，行贿于上级，拉票于同事，栽赃于对手，蒙骗于群众，干尽跑官买官之能事。

还有那更可恨者，为了那一官半职，欺上瞒下，假造政绩，以次充好，祸国殃民。

还有那更可悲者，为了那一官半职，替腐败分子充当"炮灰"和"马前卒"，以犯罪为代价，获取所谓"领导信任"，结果是"反误了卿卿性命"。

呜呼！"官位"就那么重要吗？！

"怜"过、"鄙"过、"恨"过、"悲"过之后，我们是否深思过：多少年来，"官位"为何被众官迷们所"青睐"并为其"竞折腰"？

现实地看，"官位"确实能够给一个人带来相应的经济待遇、政治地位和社会荣誉。

有些人过分地热衷于"官位"，首先与其世界观、人生观、价值观不无关系；同时，历史上遗留、社会上流行的"官本位"意识，也"培育"了一代又一代精神扭曲而变态的"官迷"。

更进一步说，在某些腐败分子那里，"官位"还能给他们带来"超额利润"，甚至是"暴利"。因为在"黑幕官场"，"权力"是能够与"金钱"交换的。这就更促使极少部分人为"谋取官位"去铤而走险。

我们真的需要反思。

首先反思一下我们的思想教育：马克思主义被某些人严重"蒸馏"了，只剩下"高耸云天"的空洞口号；从幼儿到成年，人们似乎很难系统地接受到扎根于中华民族五千年传统的道德教育；当教育与现实接轨时，不少人却从世俗的舆论中得到这样的结论——"要想出人头地，去官场淘金吧"！

再来反思一下我们的激励机制：在"物质刺激"被摒弃之后，

社会上又出现了它的变种——"官位刺激"。这个"刺激",着实非同一般,从收入到住房、从声誉到地位,简直是"十全十美"!如此"刺激",谁不眼红?而其它的激励机制呢?一是"寥若残星",令人无处寻觅;二是"如同鸡肋",毫无动人之处。也许,"官位刺激"是"风景这边独好"。

最后反思一下我们的"吏治"本身:健全的、阳光的"吏治"似乎远不够完善,至今许多地方仍屡有"黑金政治"、"卖官鬻爵"的腐败事件发生,"官场"的污浊之气"熏陶"了一代又一代的"意志薄弱者",虚荣心、攀比心、沽名心、钓誉心促使一大批"仕途拜物教"者不惜违背良知、丢弃廉耻、遗忘道德而一味追逐"官位"……

"怜"过、"鄙"过、"恨"过、"悲"过之后,我们是否应该深思?

说穿了,官之贪,往往起源自对"官"之贪;一个人的权力观,往往会集中折射他的世界观、人生观、价值观。

当今我们倡导的"廉政文化",就是让廉"香"起来、让贪"臭"起来。剖析"贪魂"的目的即在于此。

最后,在收笔之时,我要感谢中央纪委有关部门、中央党校出版社、人民日报出版社的各位领导对本书的指导;感谢人民日报著名漫画家徐鹏飞老师为本书配插漫画;感谢好友王克强先生为本书提供大量案例资料。

作者于2009年7月31日